Gebroke Lewe
Heel Mens

Christelike Inspirasie en Bemoediging

Sanna van der Walt

Teksverse en Bybelgedeeltes uit: Die Bybel, Lewende vertaling, eerste uitgawe 2006, Christelike Uitgewersmaatskappy.

Eerste druk 2015
Tweede druk 2020

ISBN: 978-1-77605-029-1
Epub: 978-1-77605-025-3

www.kwartspublishers.co.za

Woord van dank en seën

Eerstens wil ek al die eer en lof aan ons Hemelse Vader gee wat van my vorming in my moederskoot vir my daar was - deur goeie en slegte tye, en nog steeds daar is en altyd vir my daar sal wees. Die wete dat die Here my nooit sal begewe of verlaat nie, omdat Hy my ongelooflik lief het, hou my elke dag staande.

'n Groot dank aan my gesin (manlief, kinders en skoonkinders), wat my deur alles bygestaan, bemoedig en baie gebede opgestuur het. Ek dank hulle vir hul onvoorwaardelike liefde vir my as vrou, ma en versorger. Dankie aan my skoonouers, skoonsusters, broers, susters, familie, vriende, vriendinne en kollegas wat gereeld vir my gebid het; ook aan elke persoon, bekend en onbekend, wat my in hul gebede opgedra het tydens my verliese en siekte. Mag God elkeen van julle ryklik seën.

Dan wil ek laaste, maar nie die minste nie, vir my vier pragtige kleinkinders, wat nog te klein was om te begryp waaroor alles gaan, dankie sê vir hul kinderlike liefde en verstaan toe Ouma julle nie kon optel nie en julle dit so aanvaar het en net by Ouma gesit het. Julle soentjies, drukkies en kostelike gebare elke keer as julle kom kuier het en vra: "Ouma, voel jy beter en kan jy my nou optel?" As Ouma dan steeds nee sê, was jul antwoord net "Ok", en het julle verder gaan speel. Julle is die kroon op Ouma en Oupa se genade en liefde van ons Hemelse Vader. Mag julle sy seën op jul lewenspad ervaar en vroeg in jul lewens al sy onvoorwaardelike liefde vir julle voel en Hom dien. Hou jul voete op die grond en jul oë gerig op God, dan sal julle nooit verlore gaan nie.

Inhoud

Voorwoord   7

Inleiding   9

Wel en wee van die lewe   13

Om 'n ouer te wees   19

Bejaarde ouers   29

Kinders is 'n geskenk van die Here   33

God het ons so lief   39

Die huwelik en egskeiding   41

Jongmense   47

Gesondheid   51

Wors vir kos   59

Ontevredenheid   63

Bedelaars en verslawing   65

God is met jou   69

Die dood van 'n kind   71

Selfmoord   77

Die Here gee altyd uitkoms   81

Vrees   83

God verstaan swaarkry en sal voorsien   85

Voel jy alleen en verlore?   91

God hoor jou gebede   93

Die lewe is soos 'n legkaart	97
Geloof in die Seun van God oorwin die wêreld	99
Talente en gawes	103
Vergifnis	107
Naasteliefde	111
Verraad	115
Hoogmoed	119
Sondelas	121
Gewapende roof	125
Dankbaarheid en God se goedheid	129
Volhard in geloof	131
Skinder	133
Die Heilige Gees ons vertrooster	135
Afhanklikheid en genade van God	137
Om te gee is beter as om te ontvang	141
Paulus se gebed	143

Voorwoord

As ek kon, sou ek die goedheid van ons Hemelse Vader van die hoogste berg in die wêreld wou uitbasuin sodat dit oor elke volk en nasie kan eggo. Die naaste wat ek kon kom om dit aan die wêreld te verkondig, is om dit in woorde vas te lê. Sy goedheid, guns en genade deur my lewe wil ek met elkeen deel in die hoop dat wie ook al hierdie boek lees, iets van God se goedheid, guns en liefde in hul lewens sal ervaar, raaksien en beleef. Ek wou nog altyd 'n boek skryf om dít wat die Here in my lewe gedoen het met die wêreld te deel, maar het dit vir baie jare uitgestel. Een aand, na my kankeroperasie, het ek in die nag wakker geword met die titel en voorbladskets van die boek wat ek moet skryf. Ek het dit dadelik neergeskryf. Steeds het ek nie geweet wat ek moet skryf nie. Ek het baie vir insig en wysheid gebid om hierdie boek te kon skryf. Ek het selfs gedurende die nag wakker geword met insette en dit dan neergeskryf. Ek dank die Heilige Gees vir sy leiding om my boodskap oor te dra, en dat dit sal wees soos die Here dit op my hart gelê het.

ONTHOU: Daar is altyd 'n lig aan die einde van 'n tonnel; 'n mens moet net weet waar die skakelaar is om dit mee aan te sit. Die enigste skakelaar is Jesus Christus, ons ver-losser en saligmaker, wat die lig vir die wêreld is. Mag jy in moeilike tye teen God se bors gaan nestel en voel hoe jy krag uit Sy liefde en genade put. Leef op jou knieë met jou oë op die hemel gerig, want daar *is* krag in gebed en dit word inderdaad beantwoord; nie altyd op maniere wat ons pas nie, maar op God se onfeilbare manier. Die Here se *timing* was nog nooit verkeerd nie.

Inleiding

L ewenservaring kan jy by niemand leer nie; dit is 'n pad met baie op- en afdraandes wat jy self moet stap. Die keuses wat jy maak en die besluite wat jy neem bepaal waar jy jou tans bevind. Daar is wel mense wat jy op jou pad ontmoet wat jou in 'n sekere rigting stuur en wat deel vorm van jou ervarings wat jy later weer in wysheid met ander kan deel.

Hierdie boek is 'n blik op my eie lewenservaring asook dié van mense wat my pad gekruis het. Mense wat verskillende voetspore gelos het en wat 'n verskil in my en ander se lewens gemaak het. Miskien kan jy jouself met van hierdie lewenservarings vereenselwig. Dalk beleef jy tans 'n krisis en weet nie hoe om dit te hanteer nie - dan kan van hierdie gedeeltes dalk vir jou iets beteken. Jy sal vind dat wanneer jy agterna met dankbaarheid terugkyk na die omstandighede waarin jy was, die bekommernisse verniet was, want jy sal dan sien hoe die Here heeltyd daar was en jou gehelp het; dan sal jy besef hoe geseënd jy werklik is.

Moeilike of vreugdevolle tye in 'n mens se lewe is mos maar geneig om jou te dwing om jou gevoelens in dagboeke neer te pen en teksverse in jou Bybel te onderstreep. Dit is in hierdie tye wat ons ons gevoelens eerlik weergee, want dan skryf 'n mens neer wat werklik in jou hart aangaan, sonder tyd om daaroor te dink. Dit is 'n helende belewingsproses om jou gevoelens iewers te kan weergee waar jy weet dit vertroulik sal bly en nie openbaar gemaak sal word nie, behalwe natuurlik as jy dit wil deel.

Terwyl ons so uit die hart skryf, gesels ons reguit met die Here oor ons lot of ons vertel Hom van ons vreugdes. Later, as 'n mens dan weer deur jou skrywes blaai, besef jy hoe die Here jou gesond of heel gemaak het nadat Hy ons hulpkreet en smeking tot Hom gehoor het. Dan besef ons weer hoe kleingelowig ons in daardie stadium was en dat Hy ons deur dit alles, altyd, selfs ten spyte van ons dwalings, toegevou en met liefde versorg het. Veral in die tye wat dit vir ons gevoel het dat Hy nie daar was nie.

My lewe was vol foute en verkeerde besluite wat nie net my menswees geraak en my baie hartseer besorg het nie, maar my ook finansieel geknou het. Ek het ook verkeerde afdraaipaaie gevolg omdat ek nie vir die Here wou wag vir antwoorde nie. Ek het sommer self die besluite geneem en sodoende net verder en verder afgedwaal. Ek moes keer op keer terugdraai na God sodat sy kompas my weer die rigting en koers kon wys wat ek moet volg. Ons God is genadiglik en neem my elke keer terug met sy sagte aanraking en laat my verstaan dat Hy my nog net so liefhet. Sonder enige verwyte gee Hy my nuwe krag.

Ek neurie dikwels die lied "Tel jou seëninge, tel hul een vir een, tel hul almal en jy sal verbaas wees oor wat God jou skenk", as ek mismoedig voel. Dit laat my weereens besef hoeveel seëninge daar regtig oor ons elkeen uitgestort word, en dat daar altyd ander mense is met wie dit slegter as met ons gaan. Ons Hemelse Vader kan 'n gebroke mens 'n heel mens maak met die liefde waarmee hy ons deurdrenk en sy oneindige genade.

Wel en wee van die lewe

Elke oggend as die sonnetjie deur die wolke breek en jy die daglig aanskou, weet jy dat nog 'n dag vir jou aangebreek het om te kan lewe. Dit is alleen deur die genade van ons Hemelse Vader wat jou deur die nag beskerm het.

Die natuur wys vir ons die seisoene aan en ons kan in die verandering van die bome, blomme en gras sien in watter seisoen dit is. Vat byvoorbeeld 'n boom wat al jare lank op 'n plek staan deur wind en weer, seisoen na seisoen. Met tyd verloor dit blare en takke, die bas val plek-plek af. Jongmense kerf hulle liefdesverklarings uit op die stam en winde en weer verniel dit, maar die boom bly staan en elke lente bot sy blomme en kry dit nuwe blare. Die Here het die seisoene deel van die natuur gemaak en dit voltooi die kringloop sonder dat enige mensehand dit beheer; dit is net in God se hande.

Net so het die Here ons ook seisoene in ons daaglikse bestaan gegee, net soos die natuur. Met die jare het ons hare verloor soos die blare wat afval, geliefdes aan die dood afgestaan soos die boom sy takke verloor. Daar is letsels op ons gelaat waar ons diep seergemaak en verniel is. Só kan ons die seisoene van die lewe opsom.

In die somerseisoen gaan dit voor die wind en voel dit of niks en niemand jou kan keer om voluit te lewe nie. Daar val selfs reën van daaglikse seëninge oor jou. Jy het baie drome wat jy wil nastreef. Jou loopbaan ontwikkel soos jy dit beplan het en jy klim die leer van sukses. Jy trou en is geseën met 'n gesin van jou eie. Hoe kan jy nou anders as om die lewe voluit te geniet?

Na die somer breek die herfs aan. Elke mens beleef een of ander tyd herfs; die seisoen waarin jy wonder waarheen jy op pad is en ernstig oor die lewe begin dink. Soos die blare van die bome val en bymekaar gehark word om weggegooi te word, so begin ons ook voorraadopname maak van ons lewens. Dit wat nie meer inpas nie, maak ons bymekaar en raak daarvan ontslae. Ons begin al die blare wat soos 'n las aan ons lewensbome hang afskud, totdat die boom kaalgestroop is. Slegs dan kan nuwe lote vorm; dit is waar 'n mens besluite oor jou lewe begin neem om te bepaal of jy nog op koers is en die Here nog plek in jou lewe het.

'n Mens dink nie vir 'n oomblik dat iets kan verkeerd loop nie, maar tog, op 'n dag, eensklaps, tuimel alles inmekaar en lyk niks meer mooi en rooskleurig nie. Een slegte tyding op die ander tref jou. Jy voel asof jy net in die bed wil bly lê, jou kop wil toetrek en nooit weer wil opstaan nie. Dit is wanneer die winter in jou lewe aanbreek. Alles val uitmekaar en alles loop verkeerd. Die lewe het grys en vaal geword - soos die winter. Depressie kom klop aan jou deur en as jy hom binnenooi, word dit die donkerste tyd in jou lewe. Jy voel minderwaardig en waardeloos. Enigeen van die volgende het dalk jou pad gekruis:

- jou huwelik of 'n verhouding is op die rotse en jy voel soos 'n mislukking - alleen, verlore, eensaam en stukkend;

- jy hoor jy is oorbodig by die werk en word met iemand anders vervang. Jy het soveel tyd van jou lewe by die maatskappy deurgebring, hard gewerk om 'n sukses van jou loopbaan te maak en ook om die maatskappy te help groei. Nou beteken jy niks nie en jy voel magteloos en onbruikbaar. Wie gaan vir jou gesin sorg? Waar gaan jy ander werk kry;

- 'n ernstige siekte kom op jou pad. Jy was altyd sportief, aktief en betrokke by wie weet wat. Jy voel hulpeloos en angstig. Jou gemoedstemming laat jou in depressie verval;

- jy is in 'n ongeluk betrokke wat jou hele lewe verander; miskien is jy nou in 'n rolstoel vasgekluister of het nie meer al jou ledemate nie; of enige vorm van liggaamlike verlies. Jy voel onbruikbaar en nutteloos;

- jy kry 'n oproep - jou kind is dood. Eers die geweldige skok, angs en die skielike leegheid. Maande loop jy soos 'n dwalende gees rond, gevul met uiteenlopende gedagtes, kwadegevoelens en verwyte. Jy wil by die Here weet waar Hy was. Jy het dan gebid dat Hy jou gesin sal beskerm, en nou dit; of

- julle het so uitgesien na jul aftrede saam, en skielik is jou geliefde eggenoot nie meer daar nie. Julle het al die jare daarvoor gespaar en nou moet jy alleen die lewenspad verder aandurf.

So kan ons aanhou opnoem en die lysie laat groei. Hierdie is net 'n paar voorbeelde, maar 'n mens kan 'n ellelange lys opstel van alles wat nie uitgewerk het soos ons beplan het nie. In sulke tye sien ons net die donkerkant van die lewe raak; party mense raak selfs so desperaat dat hulle 'n einde aan alles maak. Ons vra dan maklik: "Waarom doen U dit aan my?", "Waar was U toe dit gebeur het?", "Was my sondes dan so groot dat U hierdie straf oor my moes bring?" of "Waarom los U my alleen?" Die vrae en selfs verwyte wat na die Here gegooi word omdat dinge nie uitgewerk het soos ons dit wou hê nie, is nimmereindigend. Ons is geneig om God allereers te blameer vir alles wat verkeerd loop, maar terwyl ons op die kruin van sukses was, moes God toekyk hoe ons ons rûe op Hom draai en verkeerde weë volg. Dikwels ontvang ons dit wat ons van die Here afsmeek, maar as dit wat ons wou hê dan nie uitwerk nie, blaas ons van woede teen die Here omdat Hy dit aan ons "gedoen" het. Sal die mens ooit tevrede wees?

Wanneer jy dan weer op jou knieë gaan en tot God bid vir leiding en krag, breek die lente aan. Die kaal lote in jou lewe begin weer uitloop, bloeisels begin vorm en jy sien weer 'n lig skyn; die lewe begin weer vir jou sin maak. Alle bome dra die letsels van die seisoene; net so is daar ook letsels wat op ons agterbly soos ons deur die seisoene gaan. Met tyd verdof daardie letsels en later sien jy dit nie meer so maklik raak nie.

So sal jy, as jy terugkyk op jou lewenspad, sien dat die Here jou getrou deur al die seisoene gedra het. Dat dit is hoe Hy jou gevorm het in die mens wat Hy nog voor jou geboorte beplan het jy moet wees. Daarom kan ons enige tyd terugkeer na God, want Hy is getrou en regverdig om ons ons sondes te vergewe en van alle ongeregtigheid te reinig (1 Johannes 1:9). Vra na die Here se wil in jou lewe - nie jou eie nie, maar syne - en Hy sal sy seën oor jou lewe gebied.

As ons terugkyk op hierdie vergange seisoene in ons lewens, sien ons die voetspore in die sand waar die Here ons in moeilike tye gedra het, en in goeie tye saam ons gestap het. Met tye sien ons dat daar geen spore was nie, en besef ons dat die Here ons ook nie gedra het nie. Nee, in sulke tye het Hy ons op sy skoot getel terwyl Hy ons koppe teen sy bors gehou het; daar was nie woorde wat ons gevoelens kon beskryf nie en het Hy ons net vasgehou en ons versterk met die wete dat Hy verstaan. God belowe ons in sy Woord dat Hy ons nooit sal begewe of sal verlaat nie (Hebreërs 13:15).

Die Here hou altyd sy beloftes en Hy is elke oomblik van elke dag dieselfde. Daarom is jy nooit alleen nie. Jou emosies mag oorneem en met jou op loop gaan en jy voel dat Hy het jou verlaat het, maar God is altyd daar, bly dieselfde en is saam met jou in elke belewenis; Hy droog self jou trane af. Die Here is baie lief vir ons en Hy maak tyd vir elkeen van ons, want ons is en bly sy kinders - maak nie saak hoe oud ons is of wat ons doen nie. Ons kan met vrymoedigheid na Hom toe gaan met alles in ons lewens, sonder om bang of skaam te wees, want Hy weet van alles en ken ons ten volle. Laat jou lewe daarom aan die Here oor - Hy sál vir jou sorg en uitkoms gee, maak nie saak wat tans in jou lewe aangaan nie.

Een van die mooiste gedigte van ons tyd is "Voetspore in die sand".

Voetspore in die Sand

Een nag het ek gedroom.
Ek droom ek stap saam met God langs
die strand terwyl my lewe voor my verbyflits.
In elke toneeltjie wat ek sien is
daar twee rye spore in die sand -
een ry myne die ander die van God.
Toe die laaste toneel verby is kyk ek terug.
Ek sien dat daar dikwels langs die lewenspad
net een ry voetspore lê elke keer in die moeilikste,
hartseer tye van my lewe.
Dit pla my en ek vra God,
"Here, U het dan belowe om my nooit
te begewe of te verlaat nie maar nou
sien ek in my tye van beproewing
net een ry spore op die pad. Ek
verstaan nie hoekom was
U nie daar juis toe ek U nodig gehad het nie."
En God antwoord,
"My kosbare kind, Ek is die Goeie Herder
wat vir my skape sorg en elkeen liefhet.
Ek sou jou nooit alleen laat nie.
Daar waar jy net een ry spore sien -
dit was toe Ek jou gedra het."

Om 'n ouer te wees

Ons Hemelse Vader het ons ouers gemaak om ons kinders te onderrig en na sy weë groot te maak. Spreuke is die boek van wysheid, deur Salomo geskryf. Daarin lees ons van verskillende aspekte van die lewe, hoe ons ons lewens moet leef en waarvoor ons versigtig moet wees. Salomo skryf onder andere in Spreuke 4:1-13 dat hy self ook 'n kind in sy pa se huis was; die enigste oogappel van sy ma. Sy pa het vir hom gesê om vas te hou aan die voorskrifte wat hy hom geleer het, en om dit ernstig op te neem, sodat hy lank kan lewe.

Wanneer 'n pa vir die eerste keer sy kleinding na geboorte vashou, oorval 'n deernis en 'n beskermende gevoel hom wat niemand kan beskryf nie. Dit gebeur outomaties en hy kan nie glo dat die klein wonderwerkie in sy hande syne is nie. As dit 'n dogtertjie is, sal sy haar pa as die held in haar lewe sien. Sy sal selfs eendag met niemand anders as haar pappa wil trou nie. Sy kan hom met gemak om haar pinkie draai. Dan breek tienerjare egter aan en sy begin uitgaan. Dan kan sy nie anders nie as om te wonder hoe haar ma met so man kon trou; hy is skielik heeltemal anders as die pappa wat haar alles toegelaat het toe sy klein was.

Wat hulle egter nie besef nie, is dat hul behoeftes nou anders is en pappas moet strenger wees om hulle te beskerm. Pappas wil net die beste vir hul dogters hê. Hy sal haar leiding gee waar en soos nodig om haar die pad te wys sodat sy heel anderkant kan uitkom. Hy was immers ook jonk en moes ook daardie tyd toe hy na Mamma gevry het, 'n pa in die oë kyk wat hom aangegluur het met die gedagte: "Mannetjie, ek ken jou gedagtes." Het jy al gedink hoe Mamma se pa (jou oupa) vir hom ook opdraande ge-gee het?

Deur die jare leer dogters hul pa's ken en wanneer hulle 'n huweliksmaat kies, sal sy onbewustelik dieselfde eien-skappe in 'n man soek wat haar pa het. Net so wedywer seuntjies met mekaar oor hul pa's; wie se pa is die beste, sterkste en kan alles doen. Hulle na-aap selfs hul pa's se taalgebruik en optrede. Wanneer 'n mens daarna oplet, is dit opsigtelik watter gewoontes seuntjies by hul pa's aangeleer het; soos die manier hoe hy loop of staan. Pappa maak alles reg wat stukkend is en hulle kan met vrymoedigheid na Pappa gaan met al hul probleme - hy sal hul onderrig en leiding gee.

Pappas is langs die sportveld, hulle moedig aan, gee raad en gaan partykeer so te kere dat jy nie weet of jou pa eintlik die afrigter of skeidsregter is nie. Toemaar, jou pa herleef sy eie tyd op die sportveld langs die veld en raak so meegevoer dat hy vergeet dat hy eintlik net moes kom kyk en jou kom ondersteun het. Geniet daardie tye, want dit is spesiaal. Net soos dogtertjies, sal seuntjies ook as hul volwasse is, sekere eienskappe van hulle pa's saam met hulle dra.

Sommige kinders moet(s), as gevolg van omstandighede, sonder 'n pa grootword en hunker na 'n pa-figuur wat meer betrokke in hulle lewens is. Sulke kinders neem gewoonlik die manspersoon wat die meeste in hul lewens betrokke is, as hul pa-figuur aan en leer die persoon se gedrag aan; dit kan 'n oom, stiefpa of selfs 'n oupa wees wat vir hulle 'n rolmodel word. Waar en hoe jy ook al in 'n kind se lewe betrokke is, stel altyd 'n voorbeeld, want jy weet nooit watter kind kyk op na jou as 'n rolmodel nie.

Verskeie bekende liedere word aan pa's opgedra wat eer aan hulle betoon; selfs al is party van die kunstenaars se pa's nie meer daar nie. So 'n huldeblyk wys vir ons hoe pa's onthou word en watter rol hulle in hul kinders se lewens vertolk het. Daar is ongelukkig ook pa's wat onbetrokke en afwesig is vir hul gesinne. Daar is ook pa's wat hulself skuldig maak aan mishandeling en verkeerde optrede teenoor hul gesinne, en wat van hierdie eienskappe aan hul kinders kan oordra, wat dit weer in hul eie gesinslewens sal toepas. Ek sê nie hiermee dat alle seuns wie se pa's nie goed vir hul gesinne was ook so sal wees met hul eie gesinne nie. Inteendeel, baie van hierdie seuns is van die beste pa's wat kinders kan droom om te hê omdat hulle hul kinders dít wat hulle as kinders beleef het, wil spaar en vir hulle net die beste wil gee.

So het ons ook 'n Hemelse Vader wat vir ons die beste voorbeeld is en niks van ons weerhou nie. Hy beskerm ons teen gevaar en lei ons deur sy Woord hoe om te lewe. Vir Hom is net die beste goed genoeg vir ons. Wat ons ook al beleef of deurmaak, ons Vader is by ons en Hy hou ons vas. Jy kan uitstyg bo jou omstandighede omdat Hy jou sal dra - maak nie saak wat nie, en kom wat wil. God het ons so lief dat Hy sy enigste Seun na die wêreld gestuur het om vir ons sondes te sterf.

Hoe seer moes dit God nie gemaak het om sy Seun gemartel, bespot, verneder en aan die kruis te sien nie, maar Hy het ons so lief dat Hy bereid was om sy Seun daaraan bloot te stel en oor te gee, om ons van die ewige dood te red. Groter liefde as dit kry 'n mens nie. Jesus sê ook Hy sal sy Vader vra en sy Vader sal vir ons 'n Raadgewer, die Heilige Gees, stuur om altyd by ons te wees (Johannes 15:17). Hierdie belofte is met die Hemelvaart vervul. Dit laat ons opnuut besef hoe vol vertroue Jesus van sy Vader gepraat het. Hy het geweet dat God sal doen wat Hy Hom sou vra, want Hy is sy enigste Seun in wie Hy baie welbehae het. Jesus praat met ons soos 'n vader met sy kind sou praat as Hy in Johannes 15:18 sê: "Ek sal julle mos nie soos wesies in die steek laat nie, Ek kom terug na julle toe."

So troos die Here ons en wil Hy seker maak dat ons sal weet dat Hy weer sal terugkom om ons te kom haal. Is dit nie wonderlik om te weet dat jou aardse vader enige iets vir jou, en nog meer sal doen; hoeveel te meer sal God nie vir ons voorsien as sy kinders nie. Dit is baie belangrik om tyd aan ons gesinne te spandeer. Maak tyd vir jou gesin, en veral jou kinders, want hulle word so gou groot en tyd vlieg verby. Jy as vader van die gesin moet die leiding neem om God met jou hele hart en siel te dien, sodoende sal jy jou gesin na God lei. Hou huisgodsdiens, sing geeste-like liedere en praat met jou kinders oor wat die Here al in jou lewe gedoen het. Leer hulle van jongs af wie die Here is, en God sal jou en jou gesin seën sodat julle voorspoedig kan lewe. Verklaar dat jy en jou gesin die Here sal aanbid en vir Hom sal lewe.

So kom ons by die moederfiguur in ons lewens. 'n Vrou word 'n moeder wanneer sy 'n kind in die wêreld bring, of wanneer 'n kindjie deur watter omstandighede ook al aan haar geskenk word. Sy speel die belangrikste rol in 'n gesin se lewe; nie net ten opsigte van die kinders nie, maar ook haar man.

Wanneer 'n kind siek is, sal Mamma die versorging behartig en nagte deur nie slaap nie omdat sy oor haar kinders bekommerd is. 'n Kind soek sy of haar ma wanneer dinge skeefloop of hulle iemand nodig het om mee te gesels. Dit is nie omdat hulle nie hul pa nodig het nie, maar omdat 'n ma die versorger van die gesin is, en haar rol uit verskillende rolle bestaan. Sy, as die moederfiguur, speel die rolle van dokter, sielkundige, taxidrywer, kok, huishoudster en nog vele meer. Geen wonder 'n ma het nie tyd vir haarself nie. Die gesegde, "Wat is 'n huis sonder 'n moeder," is so onteenseglik waar.

Baie ma's brei nog warm goed vir hul kinders en kleinkinders en is ook nog knap met naaldwerk. Dink net hoe jou ma voel wanneer sy daardie kledingstuk vir jou begin en hoe trots sy moet voel om jou daarin te kan sien wanneer dit klaar is. Ek self het al baie breipogings aangepak wat nie altyd perfek was nie, maar dit het warm en toegemaak. O, die loutere genot wat dit verskaf om 'n klein mensie se ogies te sien blink oor die skepping wat Mamma of Ouma gebrei het, of dit nou skeef of reg is, maak nie saak nie. Dit is vir hulle spesiaal.

Vroegoggend is meeste moeders al op om vir haar gesin ontbyt te maak en te sorg dat daar toebroodjies is vir deur die dag. So lê sy nagte wakker om te hoor of elke kind veilig by die huis is. Sien jy die plooie op jou ma se gesig? Dit is van te min slaap oor bekommernisse oor haar gesin en hoe om hulle in die nag te versorg. Wanneer 'n verhouding van een van haar kinders skeefloop, sal sy troos en ook in haar moederhart haar kind se leed beleef. Jy sien nie die trane wat jou ma saam met jou stort nie, want sy moet sterk wees vir jou en sal op haar eie haar hartseer oor joune verwerk. Sy het dit ook al in haar lewe beleef. As enige van haar kinders seerkry, wil sy die pyn heel; soms met 'n soentjie en 'n pleister. My kleinseun Ethan het op 'n keer seergekry, en Ouma het haar wondertassie uitgehaal en die eina versorg. Hy glo vandag nog in sy ouma se wondertassie.

'n Ma klink soms soos 'n masjien wat net aanhou en aanhou, maar sy is ook net 'n mens. Ons moet ons moeders waardeer, want as hulle nie meer daar is nie laat dit 'n leemte wat nooit gevul kan word nie. Baie kere wens ek my moeder het nog gelewe sodat ek vir haar kan sê dat ek vandag verstaan hoekom sy soms vir my kwaad geword het as ek nie wou luister nie. Het ek maar meermale geluister. Ek wil ook vir haar sê dat ek vir haar lief is en al die nagte en dae wat sy vir my daar was, in moeilike en goeie tye, waardeer. Vandag verstaan ek as moeder baie meer en wens ek ek kon langs haar sit en vir haar sê dat ek verstaan hoekom sy ook afdraaipaaie geloop het en dat sy swaar gedra het aan dinge in haar lewe. Dat ek besef dat die lewe ook nie vir haar so maklik was nie; dat ek nie daardie tyd verstaan het nie, maar vandag verstaan ek.

Manie Jackson sing 'n pragtig lied met die naam "Engele". Daarin beskryf hy 'n moeder op 'n wonderlike wyse en sing dat jy 'n engel sal sien as jy in jou ma se oë kyk. Daar sal jy baie sien - van al die vreugdes, hartseer, trots, en selfs swaarkry. Daar is baie ander liedere waarin moeders bedank en beskryf word, wat net weer bewys hoeveel 'n moeder vir haar gesin werd is. Gee vir haar blomme terwyl sy nog lewe en sê gereeld vir haar dat jy vir haar lief is. Laat haar spesiaal voel. As jy nog in die huis bly, help waar jy kan sodat sy 'n bietjie tyd vir haarself kan hê. Ek het altyd vir my kinders gesê dat 'n ma eelte op haar knieë het, want sy bring meer tyd op haar knieë deur vir haar kinders en gesin as enigiets anders wat sy doen. Ek glo die Here luister ernstiger na 'n moeder se gebed. In Spreuke 31:30 - 31 lees ons: "'n Vrou wat ontsag het vir die Here verdien om geprys te word. Gee haar die waardering wat sy verdien." 'n Moeder sal jou altyd met ope arms ontvang, maak nie saak wat jy gedoen het nie. Sy hou nooit op om jou lief te hê nie, en hou aan om vir jou te bid, maak nie saak hoe oud jy al is nie.

Stel jou voor hoe Maria moes gevoel het toe sy haar seun, Jesus, aan die kruis sien hang het. Hoe het haar moederhart nie geskeur nie. Elke spyker wat ingekap is, het 'n wond in haar hart gemaak; elke marteling wat haar kind Jesus moes deurmaak, elke wrede hou moes haar geruk het. Sou sy nie op almal wou skel en skree: "Dit is my kind wat julle so martel en onskuldig laat kruisig het nie?" Maar sy was kalm en het net saggies geween, oral gevolg waar hulle Jesus geneem het. Daar voor die kruis het sy alleen gestaan, so weerloos en met smart vervul, tot Jesus van die kruis afgehaal is.

Jesus was selfs aan die kruis steeds besorg oor sy moeder. Toe Hy haar sien, en die liefling dissipel wat by sy ma staan, sê Hy vir haar: "Vrou, daar is u seun." Daarna sê Hy vir die dissipel: "Kyk, daar is jou ma" (Johannes 19:26-27). Hoe hartseer dit ook al vir Maria was om te sien hoe haar seun gekruisig word, is sy vertroos met die wete dat die dissipel nou na haar sou omsien tot sy weer met haar kind Jesus verenig sal wees. Soos 'n besorgde moeder het sy na die graf gegaan om Hom te versorg. Haar hart moes van vreugde gesing het toe die engel vir haar sê: "Hy is nie meer hier nie, Hy het opgestaan" (Matteus 16:6). My "baby" dogter het die volgende gedig, wat sy self geskryf het, op haar pa se begrafnis voorgelees. Min het ons geweet sy sou self drie maande later tragies in 'n motorongeluk sterf en saam met haar pappa in die hemel by Jesus, vir wie sy so lief was, wees.

GEDIGGIE VIR MY PAPPA

(Oorspronklik soos deur Yolandi Gouws 29/11/2010)
Vir 'n toet by die hek het ek gewag tot in die laat nag
Die idee van dat my pappa weg is
het ek heeltemal gemis
'n Drukkie soek ek van my pappabeer
Om dit nooit weer te kry maak so seer
Ek weet nie wat om te sê

want ek wil my pappa hê
Pappa jou liefde was nie koud
maar met 'n hart van goud
Pappa eendag sou jy moes heengaan
Maar so vroeg kon ek nie laat gaan
Jy was dan nie eens oud
Geen oproep van jou meer op my verjaarsdag
Waar jy sing soos die Grafsteensangers
By my troue moes jy nog wees
Om die paadjie saam af te stap, net ons twee?
Wie dan saam my die pa-en-dogter-dans betree?
Pappa ek jou 'n "please call me" gestuur
Maar was dit reeds die laaste uur?
Pappa ek gaan jou baie mis
Dit is gewis
Pappa se glimlag sal ek onthou
en jou arms wat my toevou
Pappa jy was nog altyd my rots
Al het ons partykeer gebots
Pappa ek weet ons gaan Pappa se baba sjoetjies mis,
En die geselsies gewis
Daar is 'n leegte in ons harte en huis
Tog weet ek jy is tuis
Want jou plekkie by Liewe Jesus was reg
En jy moes vertrek
Al wat ek kan sê is ek gaan jou mis
En sal Pappa altyd liefhê

Bejaarde ouers

In die vyfde gebod lees ons die opdrag dat jy jou vader en moeder moet eer sodat jou dae verleng mag word. "Behandel jou ouers met respek. Jy sal dan lank en gelukkig lewe in die land wat die Here vir jou gee om in te bly" (Exodus 20:12).

Onthou jy nog al die stories wat oumas en oupas kon vertel? Ons oumas en oupas is die generasie met kennis en wysheid wat verlore gaan. Ons kan so baie by hulle leer, en hulle kan weer by ons leer van nuwe tegnologie (Skype, Facebook, sms'e, en ander mediums van kommunikasie) en om die nuwe veranderings in die wêreld te verstaan.

Baie kinders dink as hulle hul ouers in ouetehuise gesit het, is hul verantwoordelikheid na gekom, maar dit is elkeen van ons se Christelike plig om na ons ouers om te sien. Ons sien egter soveel keer op televisie en lees in die media hoe oumense alleen in kamertjies bly - verwaarloos en met niemand wat hulle besoek nie. Hulle word aan die genade van ander wat hulle nie altyd respekteer of goed behandel nie, en selfs mishandel, oorgelaat. Dit is dikwels noodsaaklik dat ouers na versorgingseenhede toe moet gaan as gevolg van mediese omstandighede. Dit is uiters noodsaaklik om vas te stel of daar goed na die bejaardes in die eenheid gekyk word. Sou jy dit kon bekostig, dra finansieel by indien 'n pensioen nie alles dek nie.

Dit is baie hartseer om te dink dat ouers alles in hul lewens opoffer om die beste vir hul kinders te gee en dan, wanneer hulle oud is, is hul kinders se lewens te besig om by hul ouers uit te kom. Daar is die persepsie onder kinders dat die staat vir hulle ouers in ouetehuise moet sorg, aangesien daar baie belasting vir sodanige dienste betaal word. Dit is juis hierdie tipe van staatsversorging wat maak dat ons oumense verniel en honger gelaat word. Daar is nie meer sorgsame, liefdevolle versorging van ons bejaardes nie.

In Markus 7:10-13 sê Jesus: "'Behandel jou ouers met respek, en iemand wat sy pa of ma vloek, moet dood-gemaak word.' Julle sê egter dit is heeltemal in orde as jy vir jou ouers sê: 'Jammer, ek kan Pa en Ma nie help nie. Ek het alles waarmee ek vir Pa en Ma kon gehelp het, reeds aan die Here toegewy.' So veroorsaak julle dat hy sy ouers heeltemal verwaarloos, en verbreek julle God se opdrag ten gunste van julle tradisie."

Ek veralgemeen nie - daar is baie kinders wat hul ouers tot hul dood toe versorg, en die Here sal hulle tot in lengte van dae daarvoor seën. Elkeen van ons het 'n plig om na ons ouers om te sien, hoe gering ook al. Baie dae wens ek my ouers het nog gelewe sodat ek net nog 'n keer vir hulle dankie kon sê vir die al opofferings wat hulle gemaak het om elke dag kos op die tafel en klere aan ons lywe te voorsien, en vir ons geleerdheid te betaal. Hulle het ons ook van die Here geleer, en uit húl geloof het ons geleer waar ons hulp vandaan kom. Ons besef eers as ons self ouers is en ouer word, watter opofferings ouers werklik vir hul kinders maak.

Wees geduldig met hulle as hulle nie meer kan onthou nie; hulle voel minderwaardig en skaam as hulle besef dat hulle nie meer is soos hulle altyd was nie. As hulle jou nie meer kan onthou nie, onthou dan wie hulle was en wees net daar. Moenie ongeduldig raak as hulle iets laat val of nie meer goed kan vashou of so vinnig kan klaar maak nie. Die ouderdom eis sy tol van elke mens, en voor ons weet, is ons ook daar. Hanteer hulle met liefde, want hulle is broos. Maak tyd om met hulle te gesels. As julle in 'n ander land woon, kommunikeer deur middel van "Skype" of skryf weer briewe. As hulle in ouetehuise is en julle belowe om hulle te kom haal, doen dit. Moenie hulle laat voel dat hulle is nie meer enige waarde het nie. So kan 'n mens 'n elle-lange lys opstel van alles wat met die ouderdom gepaard gaan, maar die hoofboodskap is: Hanteer jou ouers met respek en liefde. Dit is immers wat die Here van jou vra. Jou ouers vra nie jou geld nie, net 'n bietjie van jou tyd.

Ons as gesin is bevoorreg gewees om vir my skoonouers 'n plekkie op ons erf te kon bou sodat ons kan weet hulle is versorg. Dit is ook gerusstellend om te weet hulle is naby ons indien hulle hulp sou nodig hê. Ek bid dat elke persoon vandag vir hul ouers 'n drukkie kan gaan gee of net 'n boodskappie sal stuur, of as dit nie moontlik is om by jou ouers uit te kom nie, stuur blomme om vir hulle dankie te sê vir alles wat hulle deur die jare vir jou opgeoffer het, en dat jy lief is vir hulle. Die lewe gaan so gou verby en hulle is inderdaad kosbaar.

Kinders is 'n geskenk van die Here

"Enigiemand wat 'n klein kindjie soos hierdie namens My ontvang, ontvang My, en enigiemand wat My ontvang, ontvang my Vader wat My gestuur het. Wie die geringste onder julle is, hy is die belangrikste" (Lukas 9:48).

Hierdie teksvers het my weereens laat besef dat die Here hier vir ons sê dat Hy 'n kindjie aan ons toevertrou het - maak nie saak hoe daardie klein mensie in ons lewens ingekom het nie. Hy het jóú uitgekies om daardie klein mensie hier op aarde te versorg. Wat 'n voorreg!

Daar was so 'n ruk terug 'n program op TV met die naam "Nege Maande", waaraan nege vroue deelgeneem het om hul swangerskappe van die begin tot die einde met kykers te deel. Die vroue het uit verskillende omgewings, omstandighede en kulture gekom. Daar kon 'n mens sien hoe babas van die begin af in die baarmoeder gevorm word, en hoe hulle vorder tot met geboorte. Die vreugde van elke moeder en vader as daardie klein mensie die lewens-lig aanskou met die wete dit is jou eie en niemand kan dit van jou wegneem nie, is onbeskryflik.

In Psalm 139:13-16 lees ons: "U self het my diepste wese gemaak, my in die moederskoot gevorm. Ek loof U omdat U my so besonder wonderlik gemaak het. U werke is wonderbaar ek weet dit alte goed! My beendere was vir U sigbaar toe ek stilletjies gevorm is in die dieptes van die moederskoot. U het my gesien voor ek gebore is." Is dit nie wonderlik om te weet dat die Here reeds voor ons geboorte daar en met ons was nie? Hy het selfs ons per-soonlikhede al gevorm en Hy het ons lewensbaan, en hoe ons deur die lewe sal gaan, reeds bepaal. Die Here het ook net mooi gedagtes van en vir ons, en kyk elke dag met liefde af na ons. Hy sal altyd vir ons daar wees. In Jesaja 49:15 lees ons: "Kan 'n vrou haar eie baba vergeet, haar nie ontferm oor haar kind wat sy in die wêreld gebring het nie? Selfs al sou so iets kon gebeur, Ek sal jou nie vergeet nie."

'n Klein mensie is die wonderlikste geskenk wat 'n ouer van God kan ontvang. Vir baie vroue is dit moontlik om hul eie kinders in die wêreld te bring, maar vir sommiges is dit nie beskore nie en is daar altyd die gesmag na 'n eie kindjie. Die Here skenk ons kindertjies op verskillende maniere: Eie kinders, aangenome kinders, peetkinders, stiefkinders en selfs om net by weeskinders betrokke te wees. Elkeen van hierdie kindertjies is gebore met 'n doel op hierdie aarde en hoe hierdie klein mensie ook al op jou lewenspad gekom het, die Here het dit goed gedink om jou uit te kies om deel van hierdie klein mensie se lewe te wees. Watter wonderlike voorreg is jy nie gebied dat so kindjie aan jou toevertrou is nie! Daarom moet jy as ouer, of as ouerfiguur, in hierdie kindjie se lewe die nodige liefde en leiding verskaf. Hoe bevoorreg was Maria nie om uitgekies te word om Jesus in hierdie wêreld te bring nie. 'n Doodgewone, onskuldige jong meisie wat 'n rustige en normale lewe gelei het, en verloof was aan Josef, word swanger deur die werking van die Heilige Gees. Sy was van geboorte af Jesus se mamma; sy het Hom grootgemaak soos elke ander moeder haar kind sou versorg en vertroos.

Moedersinstink is aan elke vrou gegee. Maak nie saak hoe die kindjie deel van jou lewe geword het nie, jy sal outomaties soos 'n moeder reageer en optree. Die verhaal van Sara is net so bekend. Sara was kinderloos en het gesmag na 'n eie kindjie. Sy het selfs so ver gegaan om haar diensmeisie, Hagar, te gebruik om 'n nageslag vir Abram in die wêreld te bring. Sara het selfs gelag toe die engel vir Abram sê dat sy 'n eie kindjie gaan hê (Genesis 18:10-12). Die engel wou by Abram weet of daar enigiets te moeilik vir die Here is (Genesis 18:13).

In my jong dae het ek baie met my gesondheid gesukkel. My ma het eendag tydens my hoërskoolloopbaan vir my 'n brief gegee wat ek die volgende dag vir 'n juffrou moes gee. Nuuskierigheid het die oorhand gekry en ek het die brief oopgemaak en gelees, al was dit nie vir oë my bedoel nie. Dit was baie ongehoorsaam van my, want in daardie tyd het jy as kind nie sulke dinge gedoen nie en 'n mens is in elk geval nie veronderstel om dit ooit te doen nie. As my ma dit sou uitvind, het my nerwe sekerlik gewaai.

In die brief het sy onder andere geskryf dat ek dalk een-dag nooit kinders van my eie sou hê nie. Baie ontsteld oor die brief se inhoud, en met niemand om daaroor praat te nie, want dan sou my ma weet dat ek het die brief gelees, skeur ek die brief op. Ek wonder soms steeds wat met my sou gebeur het as my ma dit ooit moes uitvind. Genadiglik het die juffrou nie geweet dat ek vir haar 'n brief van my ma af moes bring nie, en het my ma gedink dat ek die brief gegee het; niemand het daaroor navraag gedoen nie. Die Here hoor elke skietgebedjie.

Daar was gereeld 'n CSV-kamp (Christelike groepbyeen-koms van ons skool) waar ons meer van die Here geleer het en hoe om tyd met Hom te spandeer. Ons het aftye gehad waarin ons kon doen wat ons wou. Ek was in standerd 8 (nou graad 10) toe ek die kamp bygewoon het. Ek onthou nog goed hoe ek op 'n kombers onder 'n boom gesit en skielik weer aan die inhoud van die brief gedink het. Net daar het ek besluit om tot die Here te bid en Hom van die brief te vertel.

Ek het die Here in gebed gesmeek om my tog eendag net een kindjie te gee en dat ek my kind van die Here sou leer en daarvolgens sou opvoed. Nodeloos om te sê, ek is later geseën met drie wonderlike eie kinders, vier kleinkinders en 'n stiefdogter wat ek vandat sy vyf jaar oud was as my eie groot gemaak het. Ek dank die Here elke dag vir die grootste geskenke wat Hy my ooit kon gee.

My dogter het self gesukkel om swanger te raak. Sy het my vertel hoe sy op haar knieë gegaan en gebid het vir 'n baba van haar eie, omdat Hy weet hoe graag sy 'n baba wil hê. Terwyl sy eenkeer besig was om te bid, het sy die gevoel gekry dat die Here vir haar 'n kleinding gaan gee en sy het net daar in die gebed die Here klaar dankie gesê vir die kindjie wat sy sou hê. Moet nooit die krag van die Here onderskat nie; vir God is *alles* moontlik en Hy hoor elke moeder se gebed en smagting na 'n kindjie. Hoe ook al die Here aan jou 'n kindjie voorsien, neem dit aan en dank Hom vir die geleentheid om daardie kindjie soos jou eie te versorg. Los alles in die hande van die Here, want Hy weet wanneer dit die regte tyd is om vir jou 'n kindjie te gee.

Wat 'n wonderlike voorreg om nog 'n nageslag ook te mag hê. In Spreuke 17:6 lees ons: "Kleinkinders is vir grootouers soos 'n koning se kroon." Ek voel só bederf. Ek het sover as moontlik my kinders van die goedheid van die Here en om Hom te vertrou, te dien en lief te hê, geleer. Hoe jy die Here in jou lewe dien en situasies hanteer, sal 'n voorbeeld vir jou kinders wees.

God het ons so lief

"Kyk net hoe 'n groot liefde die Vader aan ons betoon het. Dit is dat Hy ons sy kinders noem, en ons is dit beslis ook" (1 Johannes 3:1) en, "Ons leef uit die wete en is absoluut oortuig daarvan dat God ons liefhet, God is die liefde self en almal wat uit die liefde leef, leef in 'n hegte verhouding met God en God met hulle" (1 Johannes 4:16).

Wat 'n pragtige boodskap is dit nie? Dit is tog so 'n lekker gevoel wanneer iemand vir jou sê dat hy of sy jou liefhet. Wat 'n wonderlike gevoel is dit nie om verlief te wees nie! Niks anders maak saak nie - net die persoon wat jy liefhet. Dan is daar die gevoel van liefde en beskerming wat jy ervaar wanneer jy jou kind met geboorte vashou, of as 'n klein kindjie vir jou 'n blommetjie bring en sê dat hy of sy jou liefhet. Dit is so 'n opregte, kinderlike liefde en die ogies straal dit uit.

Daar is so baie vorme van liefde en 'n mens sal baie volumes vol skryf in 'n poging om elkeen te beskryf. Elke mens wil geliefd voel. Daar is die gesegde wat sê: "Die liefde oorbrug alles," en dit is baie waar. Waar daar liefde is, is daar vrede. Die meeste onmin in die wêreld ontstaan omdat daar nie liefde tussen mense, volke en nasies is nie. Wanneer daar liefde is, word die ongeregtigheid van mense hulle nie toegereken nie, maar is daar vergifnis. Moenie jul harte verhard as iemand probeer regmaak waar hulle fouteer het nie; vergewe en leef in harmonie saam.

Hoeveel meer is God se liefde nie vir ons nie? Hy wat nie eens sy enigste Seun gespaar het om vir ons sondes te sterf nie. 'n Groter liefde as dit kry jy nie. God noem ons sy kinders na alles wat ons gedoen het! God het ons onvoorwaardelik lief net soos ons is. Jy kan enige iets na die Here toe bring en Hy sal van dit iets maak, dit wegmaak of dit heelmaak. Maak nie saak wie en wat jy in die lewe is nie, God het jou lief. As ons maar net meer male na die hemel wil opkyk en besef ons het 'n groot God wat alles kan doen.

Kleuters in kleuterskole sing baie die liedjie, "My God is so groot, daar is niks wat my God nie kan doen". Die kleintjies sing dit met soveel oorgawe en wys selfs hoe groot God is. Dit is tyd dat ons weer in God moet begin glo soos kinders. Hy is nog altyd daar en sal altyd daar wees; dit is net ons wat ons rûe op Hom draai en Hom uit ons lewens sluit.

Die huwelik en egskeiding

"Maar Jesus het vir hulle gesê: 'Moses het hierdie reëling bloot getref as 'n toegewing aan die sondige verhardheid van julle harte. God se bedoeling is egter duidelik van die begin van die skepping af, want daar staan geskryf: Manlik en vroulik het Hy geskape, en daarom sal 'n man sy pa en ma agterlaat en hom by sy vrou voeg. So sal hulle tot een liggaam verenig word. Hulle is dus nie meer twee nie, maar een liggaam. Wat God so saamgevoeg het, mag 'n mens nie uitmekaar skeur nie'" (Markus 10:5-9).

D ie gesegde, "Die huwelik is nie perde koop nie," is so ongelooflik waar. Om 'n liefdevolle en suksesvolle huwelik te handhaaf is harde werk. Elke party moet sy of haar kant bring en moenie toelaat dat klein jakkalsies die wingerd verniel nie. Dit is so wonderlik om te lees dat mense al 50 jaar en meer getroud is. Groot sakke sout is in daardie jare saam opgeëet. As 'n mens met paartjies gesels wat so lank getroud is, sal hulle altyd sê dat dit baie vertroue en verdraagsaamheid gekos het en dat die liefde alles oorbrug.

'n Pastoor het op 'n troue verduidelik wat dit behels om 'n perd te koop. Daar word na drie dinge gekyk, die bek, die bou en die temperament. Jy kan beslis nie jou aanstaande huweliksmaat op hierdie kriteria kies nie. Om 'n liefdevolle en suksesvolle huwelik te handhaaf is harde werk soos ons al baie gehoor het. Die ander gesegde, "klein jakkalsies kan 'n wingerd verwoes," is baie waar in 'n huwelik. Moenie dat klein dingetjies julle uitmekaar dryf nie.

Vroeërjare was dit 'n groot skande as mense sou skei, en daarom het mense nie sommer geskei nie, maar moes hulle noodgedwonge leer om die probleme tussen hulle self op te los en aan te gaan. Egskeiding is egter deesdae amper te gerieflik en mense is meer geneig om maklik die handdoek in te gooi as dinge in die huwelik nie volgens hul sin verloop nie en dan gaan soek hulle ander weivelde. Daardie gras is nie verniet groener nie - daar is baie "kunsmis" aan die anderkant. Veg vir jou huwelik - dit is die moeite werd. Waardeer mekaar en sien raak wat die ander een vir jou doen, al is dit ook hoe klein.

Kommunikasie is een van die grootste oorsake van mislukte huwelike. Dit het ek eers baie later in my lewe werklik besef en kon baie probleme uit die weg geruim het deur net daaroor te gesels. Egpare verleer hoe om met mekaar te kommunikeer en wanneer hulle wel kommunikeer, eindig dit in 'n bakleiery. Leer weer om uit respek, liefde en waardering vir mekaar met mekaar te praat. Wedersydse respek vir mekaar leer ook ons kinders om respek vir mekaar en vir ander te hê. Manne, partykeer voel dit vir julle of jul vroue nie meer in die intieme deel van die huwelik belangstel nie en altyd moeg is. Dit verg baie van 'n vrou om almal in die gesin gelukkig te hou. Kyk of daar nie dalk take is wat jy kan verrig dat sy meer kan ontspan en meer lus vir die lewe kan voel nie. So moet vroue ook weer na hul mans kyk. As jou man 'n spanningsvolle dag by die werk gehad het, moet hom nie oorlaai met klagtes en alles wat verkeerd geloop het nie. Laat hom eers ontspan; los waarmee jy besig is en maak tyd om by hom te gaan sit en te hoor hoe sy dag verloop het. Stel belang in mekaar se doen en late en kort voor lank sal julle voel jul huwelik kry weer spoed en die liefde blom weer van vooraf. Dit is die klein dingetjies in die lewe wat tel.

Probeer probleme oplos voor dit handuit ruk en dit groter word, en kry professionele hulp voor julle die finale besluit neem om te skei. Dit is nie die moeite werd om iets wat so mooi was en waarvoor julle beloftes voor God afgelê het, weg te gooi oor kleinlikhede nie. Ek besef dat daar gevalle is waar egskeiding beter vir 'n gesin is as om aan te gaan en meer skade te berokken.

Ek self het die pad van 'n egskeiding geloop. En as ek maar die wysheid gehad het wat ek vandag het, sou ek baie dinge in my lewe anders gedoen het en ook anders opgetree het. Egskeiding is nie 'n maklike pad om te loop vir óf die ouers óf die kinders nie. Dit is veral die kinders wat die swaarste kry en nie verstaan waaroor alles gaan nie. Veral as hulle nog baie klein is, is die gemis aan die ander ouer baie erger. Wanneer een van die ouers weer trou, verg dit 'n aanpassing en as daar nog 'n kind uit dié huwelik gebore word, voel die ander kinders maklik dat hulle eenkant toe geskuif word. Ek dank die Here dat Hy my deur daardie jare gedra het, my gehelp het om my kinders na die beste van my vermoë te kon grootmaak en dat hulle vandag gesonde jongmense is wat ver in die lewe gekom het. Ek sou dit nie kon doen sonder die hulp van die Here nie.

Bid al van geboorte af vir huwelikmaats vir jou kinders. Bid dat hulle iemand sal kry wat die Here met sy of haar hele hart liefhet en dien. So 'n persoon sal die beste man of vrou vir jou kind wees. Ons kan die Here met vrymoedigheid vra om ons kinders se lewensmaats vroeg reeds vir hulle te vorm sodat wanneer hulle mekaar eendag ontmoet, hulle sal weet dat dit die man of vrou is wat die Here vir hulle gestuur het.

Na my egskeiding het ek nie gedink ek sal ooit weer trou nie, maar my man is letterlik vir my gestuur. My vriendinne het dit goedgedink om vir my 'n man te soek en het die geskikte kandidaat opgespoor. Ek het baie daarteen vasgeskop en wou hom nie ontmoet nie, want ek was bang om weer seer te kry. Boonop moet jou kinders met elke verhouding ook deur die verbrokkeling daarvan gaan. Daarom moet 'n mens mooi dink voor jy 'n verhouding aanknoop of dit die moeite werd gaan wees om jou kinders daaraan bloot te stel.

Nadat ek ingestem het om die gekose man te ontmoet, was ek spyt dat ek dit nie vroeër gedoen het nie. Die Here het geweet wanneer dit die regte tyd was vir my om my man te ontmoet, en vroeër sou ek dalk nog nie heel genoeg gewees het om hom te waardeer nie. Ons is al 11 jaar gelukkig getroud. Hy het my geleer om meer te kommunikeer, die lewe kalmer te vat en hy dra my op sy hande en ondersteun my met en deur alles. Wanneer 'n mens weer 'n kans op geluk kry, waardeer jy dit meer en is die klein jakkalsies nie meer so volop soos vroeër nie. Dit is dalk omdat 'n mens dan leer om dit te ignoreer. Sonder die Here kan 'n mens nie 'n huwelik bou nie; om saam Bybel te lees en te bid versterk 'n huwelik.

Daar is baie versoekings op enige mens se pad. Om elke dag vir jou eie huwelik en ander huwelike te bid, maak dat 'n mens sterk kan staan teen versoekings. Wanneer 'n versoeking op jou pad kom, moet jy dit dadelik teenstaan en dit nie as 'n nietigheid sien wat sal oorwaai nie. Die duiwel is listig en hy weet waar elke mense se swak plek is. Hy sal dit vir seker probeer gebruik om jou van die Here af weg te lei. Die duiwel loop rond soos 'n brullende leeu, op soek na iemand om te verslind, maar weerstaan die duiwel en hy sal van jou af wegvlug. Petrus skryf in 1 Petrus 5:10 dat God jou sal moedig, sterk en standvastig maak om teen versoekings te kan baklei en nie weer na jou verlede terug te val nie.

Beskerm jou huwelik deur gebed en kyk met nuwe oë na jou huweliksmaat. Wanneer dinge moeilik raak, dink aan dit wat jou in die eerste plek na hom of haar aangetrek het. Wanneer die kinders een vir een die huis verlaat, is julle weer alleen soos in die begin; geniet weer die tyd saam en kry iets wat julle saam kan doen en geniet. God se rykste seën word op elke huwelik toegebid.

Jongmense

Prediker 12:1: "Onthou jou Skepper terwyl jy jonk is," en Jesaja 40: 30-31: "Selfs jongmense raak uitgeput en afgemat. Baie jongmense struikel en val. Maar die wat hulle hoop op die Here stel, sal hulle krag terugkry."

Wanneer voëltjies hul nessies begin bou, soek die mannetjie die houtjies en bou 'n paar keer aan die nessie voor die wyfie met die nessie tevrede is. Daarna begin die wyfie die eiertjies lê. Die wyfies sit op die eiertjies en verlaat nie die nessie vir 'n oomblik nie. Die mannetjie dra vir haar kos aan. As sy 'n draai wil vlieg, dan sit die mannetjie op die eiertjies. So pas hulle die eiertjies op tot dit uitgebroei is. Wanneer die voëltjies uitbroei, begin hulle kos vir die kleingoed aandra. Sodra die veertjies begin uitgroei en die voëltjies sterker word, raak hulle te groot vir die nessie en moet hulle begin om te leer vlieg. Die mannetjie en wyfie maak beurte om die voëltjies te leer vlieg tot hulle self kan vlieg. Daarna word hulle uit die nes geskop om met hul eie lewens aan te gaan.

So is dit ook in ons lewens. Pappa en Mamma trou en begin 'n huis soek waar hulle veilig en versorg voel. Wanneer ons gebore word, versorg ons ouers ons en leer ons om te loop, self te eet en soveel meer. Wanneer ons reg is om skool toe te gaan, soek hulle die beste skool. Nadat ons ons skoolloopbane voltooi het, begin van ons studeer. Dan begin ons werk en later trou ons ook. So begin die siklus weer van voor af. Ouers sal nie soos die voëltjies hul kinders sommer net uitskop nie, maar sal seker maak dat hulle reg is, dat jy elke stap wat jy in die lewe neem eers goed deurdink, en dat hulle seker is jy is reg om die huis te verlaat.

Daar is egter voor die finale stap van huisverlaat die veelbesproke tienerstadium wat jy moet oorleef en beleef. Dit is die deurmekaarste tyd in jou lewe. Jou emosies is deurmekaar, jou hormone skop in en niemand verstaan jou nie. Daar is baie trane en rebellie in jou leefwêreld. Jy is wêreldwys en niemand kan jou iets leer nie. Jou ouers is uit die oude doos en wat weet hulle nou eintlik?

Dit is lekker om jonk te wees en drome oor jou toekoms te kan droom. Baie van julle sien al hoe julle oorsee gaan toer en werk. Ouers gee kinders meer vryheid soos hulle ouer word om hulle op die grootmenswêreld voor te berei. Onthou - as jy wil hê jou ouers moet jou meer soos 'n volwassene hanteer, dan moet jy bereid wees om soos 'n volwassene op te tree.

Wanneer ouers om een of ander rede nie dinge toelaat wat jy wil hê nie, moenie rebels raak nie. Jy verstaan nie nou nie, maar sal later besef dat dit vir jou eie beswil was. Ouers weet, want hulle het ook foute gemaak en wil jou net beskerm sodat jy nie dieselfde foute maak nie. Later in jou skoolloopbaan sien jy baie vriende en vriendinne wat verhoudings aanknoop en voel jy dalk gedruk om ook 'n meisie of kêrel te hê. Moenie in die strik trap van verplig voel om enige persoon as 'n "meisie" of "kêrel" te vat net omdat jy ook een wil hê nie. Dit is beter om heelwat gesonde vriendskappe te bou en so te sien watter eienskappe jy werklik in 'n meisie of kêrel soek - en ook later in 'n lewensmaat.

Om van een verhouding na 'n volgende te spring, maak jou verward en kan jou later, wanneer jy 'n huweliksmaat soek, na verkeerde eienskappe laat soek wat jou huwelik kan skaad. Dit veroorsaak ook onnodige hartseer vir beide partye in 'n verhouding. Wanneer 'n mens tussen 18 en 25 jaar oud is, is dit plesiertyd en dit voel of jy op die kruin van jou lewe staan. Na jou 25ste verjaarsdag is dit asof jy begin rustiger en ernstiger oor die lewe raak. Party vriende of vriendinne kan al getroud wees; selfs jy kan dalk ook al 'n gesin hê. Ander is nog besig om iewers in die lewe hul voete te vind.

Dit is wanneer jou lewe weer begin terugkeer na die paadjie wat jy saam met die Here geloop het en dit weer duidelik word. Die opvoeding wat jou ouers jou gegee het, sal sigbaar word in jou lewe. Jy sal begin terugkyk en besef hoeveel afdraaipaaie jy geloop het en hoe jy weer jou weg na die regte pad gevind het, want die waardes wat jou ouers jou as kind geleer het, verdwyn nooit nie en is diep in jou hart gegraveer. Soos die teksverse bo vir ons uitwys, sal die Here, as ons Hom die heeltyd deel van ons lewens maak, telkens terugbring na die regte pad en ons die krag gee om alles te bowe te kom en heel anderkant uit te kom. Die Bybel sê vir ons in Psalm 119:9 hoe 'n jongmens 'n skoon lewe kan lei: "Deur gehoorsaam te wees aan U woord."

Geniet dit om jonk te wees, maar wees ook versigtig dat die wêreld jou nie insluk met al sy versoekings soos drank, dwelms en ander verkeerde weë nie. Staan sterk in dit waarin jy glo en jy sal die versoekings kan weerstaan. Onthou: Jy is 'n unieke mens! Moet jouself nooit aan ander se standaarde meet nie; jy is baie spesiaal gevorm deur die Here en Hy maak nooit foute nie. Moenie dat iemand jou vertel jy is nie goed genoeg of mooi genoeg nie; jy is na God se beeld geskape - kyk net in die spieël om sy wonderwerk te sien.

Gesondheid

Spreuke 18:14: "Innerlike sterkte laat 'n mens sy liggaamlike siekte dra" en Job 5:18: "Hy tref ons, maar sy hande genees ook weer."

Wanneer 'n mens aan 'n minder ernstige siekte ly, is daar baie medikasie op apteekrakke of doktersvoorskrifte beskikbaar. Selfs boererate word uitgedeel meer ernstige siektes wat geen mens verwag hulle sal tref nie. Ons bid daagliks vir gesondheid en genesing. Wanneer ernstige siekte wel op ons pad kom, is dit 'n baie traumatiese ervaring.

So was dit ook in my geval. Ek moes net 'n normale histerektomie ondergaan. Voor die operasie het ek gevas en gebid vir genesing en ook vir sy seën op die dokter wat die operasie moes uitvoer se hande, en natuurlik vir vinnige herstel. So het baie ander mense ook in gebed vir my ingetree, want die Here sê waar twee of meer in my naam vergader, daar is Ek teenwoordig. Snaaks genoeg was ek nie so bang vir die operasie as wat ek gedink het ek sou wees nie. Daar was 'n kalmte oor my en ek het geglo alles gaan goed afloop. Ek bid dan ook vir elke geneesheer en verpleegpersoneel regoor die land, dat die Here hulle sal seën vir die goeie werk wat hulle doen en dat hulle vreugde sal vind in hul beroepe, dat hulle alle mense met die nodige respek en liefde sal versorg en ook dat hulle gewaardeer en gerespekteer sal word.

Weke na my histerektomie skakel my dokter my met die nuus dat die uitslae van my toetse wys dat ek ovarium-kanker het. Ek het net geskok geluister na alles wat hy sê en nie eintlik veel ingeneem nie. My brein het vasgeslaan by die woord "kanker". So tussendeur het ek gehoor dat dit in 'n baie vroeë stadium is en dat hy reeds vir my 'n afspraak by 'n onkoloog gemaak het.

Ek was in trane toe ek die telefoon neersit. Ek het eerste my man en kinders met die nuus gebel. Na al die oproepe het dit gevoel of die vertrek my vasdruk en ek moes net buitetoe vlug vir vars lug. My man het jare gelede vir my 'n oulike bankie in die tuin gemaak en wanneer iets druk of pla, of ek net vrede soek, dan gaan sit ek buite op my bankie.

Ek noem dit my tuin van Eden. Op hierdie bankie het ek al menige maal gesit en my lot by ons Hemelse Vader bekla, én Hom gedank vir al my seëninge. So het ek ook gebid dat wie ook al my tuintjie betree, die nodige berusting en oplossings sal vind vir wat hulle ook al pla. Hulle weet nie eers as hulle my tuintjie betree dat dit vooraf geseën is nie, maar stap met 'n ligter hart daar weg. Daar op my bankie het ek met die Here begin praat en Hom van my kanker vertel. Ek het gebid vir kalmte en krag vir dit wat vir my voorlê, en 'n rustigheid het oor my gekom.

Soos ons mense maar is, soek ons mos enigiets wat ons kan lees om ons situasie te probeer ontleed of om oplossings te vind. So ontdek ek in my boekrak Joel Osteen se boek, *Jou beste lewe ooit*, wat ek al voorheen gelees het, maar intussen al vergeet het wat daarin staan. In hoofstuk 15 vertel hy van sy ma wat met kanker gediagnoseer is en dat daar nie vir haar hoop was nie. Daarin wys hy ook dat ons 'n bonatuurlike God dien wat nie deur natuurwette aan bande gelê word nie. Hy kan doen wat mense nie kan doen nie. Hy kan uitkoms gee as dit lyk of daar geen uitkoms is nie. Sy ma het aangehou om vir haarself te bid en teksverse uit die Bybel gekry wat haar gedra het. Sy het steeds gelewe terwyl Joel die artikel geskryf het en was toe al 70. Wat 'n wonderlike getuienis is dit nie. Prys die Here!

Die volgende dag verduidelik die onkoloog, 'n professor, my mooi in 'n taal wat ons gewone mense verstaan, wat hulle gevind het en hoe ernstig dit is. Ek moes binne 'n week weer vir 'n groot operasie gaan om die kanker so ver as moontlik uit te sny. Ek was nog nooit so bang vir 'n operasie nie. Ek het weer voor die operasie gevas en my gesin, familie en bekendes en onbekendes het ook weer vir my gebid. Ek het die Here gesmeek dat die operasie 'n sukses sal wees en dat my niere, wat voorheen probleme gegee het, reg sal funksioneer van die begin af. En dat Hy my volkome sal genees.

Ek was verskriklik bang toe hulle my kom haal om teater toe te neem. Ek het my man gevra om nie saam teater toe te stap nie, maar dat hulle eerder iets moes gaan eet. Ek het geweet dit sal dit vir my erger maak as hy daar moet wegstap as hulle my in die teater instoot. Die prentjie van die paddatjie wat die pelikaan so vasklou aan die keel om nie ingesluk te word nie, het in my kop gedraai. Ek sou my man so vasgeklou het dat hulle hom eers na die narkose van my sou los kry. Ek bid heeltyd tot ek wegraak van die narkose. Die operasie loop wonderbaarlik goed af met geen komplikasies nie. Ek het nie woorde om die goedheid van die Here te beskryf nie. Ek voel skaam oor ek so liggelowig was - die Here het my immers nog altyd deur alles gedra.

Dit is maar net menslik om so te voel, en die Here verstaan. Ek is ontsettend dankbaar en alles wat ek gevra het, het gebeur. Die Heilige Gees het 'n kalmte oor my gebring en ek wil net die Here se Naam uitroep en lof aan Hom bring. Met my ses weke-besoek aan die onkoloog deel hy my mee hoe geseënd ek is dat die kanker betyds ontdek is. Sy woorde was: "Daar is vir jou van Bo gesorg." Ek loof en prys die Here in my gedagtes en bevestig sy goedheid. Soos ek verstaan, word eierstokkanker in die meeste gevalle eers laat ontdek en is dit moeilik om betyds te diagnoseer. In my geval kon die dokter al die kanker uitsny, maar ek moes nog vir voorkomende chemo gaan wat uit ses siklusse van drie sessies elk bestaan. Altesaam 18 keer gaan sit ek vir chemo. Ek is skrikkerig vir die onbekende pad wat vir my voorlê, maar ek weet die Here sal ook hier met my wees en ek is tot alles in staat deur Christus wat my krag gee.

Wanneer ek die chemokamer binnestap, sien ek die groen "Lazy Boys" in 'n ry staan. Op elkeen sit iemand met 'n drup, elkeen met sy chemoformule wat in die are drup.

Die deernisvolle en simpatieke kyke wat ek van die mense op die stoele vir my eerste sessie kry, vertel vir my dat daar 'n moeilike tyd vir my voorlê. Soos die pasiënte klaarmaak, word die stoele met ander gevul. Wanneer my drup op en alles aan my verduidelik is, begin die een pasiënt na die ander met my gesels. Hulle vertel elkeen van hul paadjies tot by chemo en tussendeur gee hulle ook sommer bemoedigende boodskappe en raad vir naarheid en olikheid na 'n chemosessie. Ek het nog nooit so baie gemmerkoekies, gemmerkoeldrank en gemmerprodukte in my lewe gebruik as toe nie.

Almal is dit eens, hierdie paadjie kan jy nie sonder die Here stap nie. Die eerste chemosessie was vir my die ergste; ek was so onseker van wat dit alles behels en hoe my liggaam daarop sou reageer. My gesin, familie, vriende en onbekendes se gebede het gedurig vir my opgegaan. Ek kry gereeld bemoedigende boodskap wat my deur alles dra. 'n Vriendin, wie se kanker in remissie is, bring vir my 'n boekie waarin ek elke bemoedigende boodskappe wat ek ontvang kan skryf. Wanneer ek alleen en moedeloos voel, vat ek die boekie en lees deur die boodskappe. Dit laat my opnuut besef watter wonderlike mense daar in my lewe is en dat dit hulle is wat my deur die slegste en moeilikste tyd in my lewe dra.

Die dokters en susters wat die chemo behartig is simpatiek en besorgde mense. Hulle maak tyd vir die pasiënte en dit is soos een groot familie wat hande vat en die pad in gebed saam loop. Telefoonnommers word uitgeruil sodat ons vir mekaar boodskappe kan stuur. As een van ons "af" voel, word daar net 'n sms gestuur en ons weet en verstaan om iets positiefs terug te stuur. Ons verstaan mekaar en weet watter gemoedskommelings kan plaas vind - die onsekerheid en angs wat jou bekruip. 'n Bemoediging beur jou weer op en die berg kry 'n skielike afdraande. Gedurende my chemobehandeling ontmoet ek wonderlike mede-kankerpasiënte. 'n Mens kan jou nie indink wat 'n persoon met kanker deurmaak as jy nie self daar was nie. Veral as dit 'n jong kind is. Dit gryp jou aan die hart as jy die bang gesiggie sien en as die ma net so hard saam met die kind huil wanneer die naald vir die chemo in die armpie gesteek word. Die Here is saam met ons, en ek begin tydens my sessies vir my mede-kankervriende en vriendinne bid.

Die wonder van vandag se tegnologie is groot. Tydens my tweede siklus van chemo besef ek dat ek dankbaar is dat die Here my op hierdie pad gestuur het. (Ek kon myself nie glo dit dink nie.) Dit is glad nie 'n lekker pad nie, want chemo maak jou siek en breek jou liggaam af, maar ek kyk met nuwe oë na enigiemand wat kanker het en deur behandelings gaan. Daar is mense wie se situasies erger as myne is. As die Here my so in sy diens wil gebruik, is dit goed so, want Hy sal my die krag en sterkte gee om heel anderkant uit te kom en volkome te genees.

Wanneer die volgende chemosessie soos 'n berg voor my lê, het ek myself bemoedig deur uit te sien na wie ek hierdie keer gaan ontmoet, gaan hoor hoe elkeen se kanker ontdek is en hoe hulle die pad tot dusver geloop het. Nog 'n persoon op die gebedslysie.

Vir elke kankerpasiënt wil ek vandag sê: "Julle is wonderlik; julle is die dapperste mense wat daar is. Julle ondersteun mekaar, gee raad wat vir julle gewerk het en julle dra die gesonde mense meer as wat julle dink. Ek bid vir elkeen vir genesing en krag om deur die kankerstryd te kom en dat die Here julle sal seën op julle pad vorentoe."

As ek iets uit my hele stryd teen kanker en siekte kon leer, is dit dat ek kalmte en rustigheid gekry het en alles wat die Here aan my toevertrou het, met meer dankbaarheid beleef. Ek was nie een van die maklikste mense om mee saam te lewe nie, en dit het net iets kleins geneem om my bloeddruk op te jaag en my te laat ontplof.

Die Here snoei ons boompies tot dit reg gevorm is. Min het ek geweet hoe die Here nog aan my boompie gaan snoei. Ek dank die Here dat Hy my deur elke operasie en chemosessie gedra het. Daar was tye wat ek wou opgee, maar Hy het my die krag gegee om te kon deurdruk en te glo dat ek volkome sal genees en ek sal voortgaan om 'n verskil in ander se lewens te maak. En ek sal aanhou om die Here se naam en goedheid te verkondig tot in lengte van dae. Die Here wil hê ons moet Hom vertrou vir genesing. In Markus 6:36 sê die Here vir Jaïrus: "Moet jou nie ontstel nie; vertrou net." Ek sluit hierdie gedeelte af met Efesiërs 3:16: "Mag Hy deur sy Gees uit die rykdom van Sy goddelike grootheid aan julle die krag gee om innerlik sterk te word."

Ek het op 6 Oktober 2014 gehoor ek is kankervry, maar moet nog vir twee jaar lank elke drie maande my onkoloog gaan sien. Ek prys die Here weereens vir sy genade oor my, want dinge kon so anders gewees het as my kanker nie betyds ontdek is nie. Vroue, gaan vir julle toetse al sien julle nie daarna uit nie. Dit is beter om vroegtydig enige probleem op te tel en te behandel as om spyt te wees jy het te laat gegaan.

Ek wil vir elke mens vra om net een dag met 'n kankerpasiënt te gesels en werklik te luister na wat hulle deurmaak. As dit moontlik is, gaan sit in een van die sessies en bemoedig die mense. Hulle sal dit waardeer. Dit laat mens weereens besef hoe kosbaar die lewe is en dat ons nie alles net as vanselfsprekend moet aanvaar nie.

Wors vir kos

Matteus 7:25: "Daarom sê ek vir julle, hou op om julle te bekommer oor julle daaglikse lewe, wat julle sal eet of drink; of oor julle liggame wat julle sal aantrek. Is om te lewe nie baie kosbaarder as kos nie? En is 'n mens se liggaam nie baie kosbaarder as klere nie?"

Partykeer vergeet 'n mens so op jou lewenspad van alles wat die Here al aan jou voorsien het. Maar daar is sommige wonderwerke wat 'n mens altyd onthou. Een so 'n besondere wonderwerk was toe die Here vir ons kos voorsien het. Ek vertel nog gereeld van hierdie gebeurtenis in my lewe en wil dit ook met julle deel en julle die versekering gee dat die Here altyd voorsien; nie altyd soos ons dit wil hê nie, maar soos Hy dit goed dink om te voorsien. Wees altyd dankbaar en sien die seëninge raak wat 'n mens daagliks so maklik miskyk.

Na 'n paar jaar se getroude lewe is my man verplaas na 'n dorpie ver verwyder van die groter stede. Vir iemand wat gewoond is aan die stad met al sy geriewe was dit baie eensaam en alleen op hierdie klein dorpie. Jy ken niemand en is ver van jou familie, en sukkel maar so op jou eie aan. Daardie tyd het ons nog net twee klein kindertjies gehad en werk was baie skaars. Dit was meestal die manne wat die salaris verdien het en as jy vir 'n staatsinstansie gewerk het, was dit maar 'n klein salaris.

Gelukkig het ek nog spaargeldjies weggebêre uit my pensioen van my vorige werk. Ons het 'n baie groot erf gehad en ek het 'n groentetuintjie begin om my besig te hou en sommer in die nodige behoeftes te voorsien omdat ons so ver van die winkels af was. My ma se bont kat het saamgetrek; nie net vir 'n troeteldier in die huis nie, maar ook vir ietwat van 'n vertroosting as die verlange te erg raak. Die kat was vreeslike lieftallig en intelligent.

Na 'n maand of twee het ons ons ekstra inkomste opgebruik en was ons net van een inkomste afhanklik. Dit was skaars genoeg om al die uitgawes te dek, wat nog om al die mondjies te voed. Die groentetuintjie het sy opbrengs begin lewer. Voor 'n mens kon besef het die tuintjie se inhoud al skraler geraak, en al wat nog oorgebly het, was die kool. Ons eet kool van oggendete tot aandete in verskillende vorms. Die opbrengs raak ook al minder en daar is later nog net genoeg vir een ete. Dit was weer tyd om iets vir aandete voor te berei en daar is niks kos om op die tafel te sit nie. Al genade was om te bid, want ek het daarvan gehou om gereeld met die Here oor alles te gesels. Hy is mos my Vader en Vriend.

Die Here luister na elke gebed, maak nie saak hoe jy bid nie. Nadat ek gebid het, het ek gaan kyk waar my twee kinders is. Ek het hulle gaan bad en dit was al laatmiddag toe ek eers weer in die kombuis kom. Die einste bont kat van my staan daar met 'n ellelange stuk wors en sit dit voor my voete neer. Sy kyk my in die oë asof sy wil sê: "Hier is iets vir die pot." Die kat draai om en loop weg sonder om van die wors te eet. Waar in jou lewe kry jy 'n kat wat nie lus sal wees vir daardie stuk wors nie? Ek huil en lag tegelyk van blydskap. "Here, U is wonderlik," is al wat ek kan uitkry.

Toe my man by die huis kom, vertel ek hom wat gebeur het. En het ons nie lekker geëet aan daardie stuk lekker wors nie! Daar was selfs ook 'n stukkie vir die kat. Later sou ek verneem dat 'n buurman besig was om alles reg te kry om die aand vleis te braai. Toe hy wil begin braai is die wors weg, en hy kon nie verklaar waarheen dit verdwyn het nie. Kan jy jou daardie man se gesig voorstel toe hy nie die wors sien nie, maar net die ander vleis? Ek wonder wat deur sy gedagtes gegaan het. Ek het net geluister en in dankbaarheid stilgebly.

Die volgende oggend maak ek my voordeur oop om die stoep af te vee en sien 'n sak vol groente en vrugte staan. Ek weet tot vandag toe nie waar dit vandaan gekom het nie, maar daar is elke week so 'n sak voor my deur gesit vir maande. Ons het nooit weer honger gely tot ons weggetrek het nie. In Spreuke 10:3 staan geskrywe: "Die Here laat regverdiges nie honger ly nie." Die Here voorsien, baie keer op die onverklaarbaarste maniere, maar Hy voorsien.

Ontevredenheid

*1 Timoteus 6:8: "As ons dus genoeg kos
en klere het, laat ons tevrede wees."*

Ons as mense is so geneig om oor alles te kla. Ons bid vir dinge soos reën en as ons te veel kry dan kla ons daaroor. Ons bid vir die Here se voorsiening en as Hy voorsien is ons weer ondankbaar omdat ons dit gekry het, want dit is nie meer wat ons op daardie oomblik wou gehad het nie. Wat ook al ons pad kruis, kom van die Here. Wanneer dit vir ons te lank voel om te wag vir dinge wat ons van die Here vra, wil ons self ingryp. Ons maak onsself baie keer wys dat dit van die Here kom, en as dit dan verkeerd loop, blameer ons die Here en verloor ons moed en verval in 'n depressie.

Ons ken almal die verhaal van Jona. Waar hy na Nineve moes gaan, maar besluit het hy sal sy eie kop volg en 'n boot na Tarsus neem. Die Here maak dat Jona op die ou end vir drie dae in 'n groot vis se maag beland, waarna hy luister en Nineve toe gaan. Die Here wou Nineve verwoes, maar het besluit om dit te spaar omdat die mense deur middel van rou hul sondes erken het.

In Jona 4 lees ons dat Jona kwaad was omdat die Here dit goed gedink het om Nineve te spaar. Hy het dan soveel moeite gedoen om hierheen te kom en die verwoesting van Nineve te verkondig. Jona gaan sit en bekla sy lot eenkant. Die Here is besorg oor Jona en voorsien 'n plantjie wat vir hom koelte verskaf. Al wat Jona aan kan dink, is al die moeite wat hy moes doen om na Nineve te gaan en hy sien nie eers raak wat God vir hom doen nie. Ons Here het inderdaad 'n goeie sin vir humor. Hy weet Jona is kwaad en tree soos 'n stout kind op, maar Hy is nog steeds besorg oor Jona wat in die son sit.

Net so gee God vandag ook vir jou 'n plantjie vir skadu oor alles wat vandag vir jou voorlê en die berg wat jy dalk moet klim. Sien die plantjie raak - en sy goedheid. Die Bybel sê vir ons dat daar slegte dinge en nie net goeie dinge nie, ook met ons kan gebeur. Dit is hoe ons dit wat op ons pad kom hanteer, wat wys of ons Christene is of nie.

Bedelaars en verslawing

*Markus 10:46-47: " 'n Blinde bedelaar met die
naam Bartimeus, die seun van Timeus, het
langs die pad gesit. Toe hy hoor dat dit Jesus
van Nasaret is, het hy begin uitroep: 'Jesus,
Seun van Dawid, ontferm U tog oor my!'"*

Ons sien hulle gereeld op straathoeke staan en bedel. Verwaarloos en vuil. Waar kom hulle vandaan, wat lê in hul verlede? Wie was hulle voor hul lewens so verval het? Daar is so baie vrae wat deur 'n mens se kop maal as jy hulle so sien. Gee jy geld, gaan dit vir die middel van hul verslawing; gee jy klere, dan verkoop hulle dit vir geld om die middel te kan koop. Kos is die enigste ding wat hulle die meeste van die tyd werklik waardeer en gebruik. Daar is dié wat selfs ontevrede is oor die kos wat jy hulle gee. Is dit nie jammerlik en hartseer om hulle so te sien nie? Hulle lewe letterlik van die hand na die tand en bekommer hulle nie oor die dag van more nie, want hulle moet eers vandag oorleef. Hulle wil ook nie na instansies gaan waar daar wel versorging is nie, want dan moet hulle die verslawing prys gee, en dit kan of wil hulle nie vermag nie.

Verslawing begin op 'n klein skaal, so 'n persoon glo dat dit maklik gelos kan word. Maar, voor jy besef raak jy so afhanklik daarvan dat jy nie daarsonder kan klaarkom nie en neem dit jou lewe oor. Gesinne val uitmekaar en werke word verwaarloos tot hulle dit verloor. Nou is daar nie meer geld om alles by te bring nie en hulle verloor al hul besittings. Sommige beland in inrigtings, waarvan 'n baie klein groepie wel genees word, maar daar is baie wat uitkom en net weer dieselfde paadjie as voorheen loop. Hulle moet nou selfs begin steel om in hul behoeftes te kan voorsien. Niemand kan so 'n persoon in hul lewens vertrou nie en egskeidings volg. Hulle word mettertyd uit almal se lewens geskuif. Dit is wanneer hulle op straat beland, waar hulle weer groepe vorm wat saam op straat lewe. Dit word hul bestemming.

Dit is baie moeilik om van 'n verslawing genees te word as jy al so ver daarin verval het. Elkeen van hierdie mense kan genees word as hulle bereid is om hulp te ontvang en te erken hulle het 'n probleem. Sonder erkenning en 'n wilsbesluit om uit so 'n lewe op te staan, kan niemand jou help nie. Die Here het ook die hulpgeroep van die bedelaar gehoor en die bedelaar het geglo dat Jesus hom kon gesond maak. Vir die Here is niks onmoontlik nie. Jy moet net na Hom toe terugkeer. Baie van hulle sal sê hulle bid, maar die Here hoor nie hul gebede om uit die omstandighede te kom nie. Die besef moet nog daag dat jy bereid moet wees om jou kant te bring en dat God jou dan sal uitlei en jou voete weer op 'n vaste rots sal plaas.

Is ons almal nie ook maar bedelaars voor God nie? Hoeveel keer smeek ons Hom vir dinge en "bedel" ons by Hom vir die dinge van die lewe. Die sanger Steve Hofmeyr het 'n pragtige lied geskryf, "God se Bedelaar", wat 'n mens laat besef ons is ook maar net bedelaars wat genade van God smeek. Hoeveel keer het ons al afgedwaal wanneer dit met ons goed gaan? Ons vergeet so gou om tyd saam met die Here deur te bring, maar ons stuur darem so nou en dan 'n skietgebedjie op net om die skuldgevoel af te weer.

As dit begin sleg gaan, is ons soekend, dwalend en val ons orals rond; laastens vra ons vir hulp van die Here. Die Here sê vir ons dat elkeen wat Hom aanroep se gebede verhoor sal word. Hou aan bid, al voel jy jy wil moed opgee. Daar is geen plek in die wêreld wat jou soveel bevryding kan bring as om voor Jesus se voete op jou knieë te gaan nie. Bid gereeld - nie net vir jouself nie, maar ook vir elkeen van die boemelaars. Neem hulle daagliks in jou gebede op. Hulle was ook eens op 'n tyd iemand wat iets in die lewe beteken het, maar hul lewenspaaie het iewers skeefgeloop, en dit is moeilik om jou weg terug te vind na die regte pad, want die duiwel val hulle met alle soorte leuens aan.

Bid dat daar een onder hulle sal wees wat tot bekering sal kom en die groepie waarin hulle beweeg sal leer om na God terug te draai en Hom in alle omstandighede te loof en prys. God kan alles in 'n oogwink verander. Hy vra dat ons ons hulp van Hom sal soek, want Hy wil weet ons het Hom nodig. 'n Mens land baie keer op vreemde paaie, hoewel jy dink jy sal nooit in sulke moeilike situasies beland nie. Wanneer dit wel gebeur en jy val, moet jy net opstaan en aanhou, want as jy eers gaan lê, is dit moeilik om weer op te staan. Die Here weet waar Hy jou die beste kan gebruik en Hy sal jou weer daaruit lei om 'n sterker en beter mens te wees wat tot sy diens geroep is.

God is met jou

Psalm 46:12: "Die Here die Almagtige is by ons.
Ons skuilplek is die God van Jakob" en Josua 1:5:
"Ek sal saam met jou wees, ek sal jou nooit in
die steek laat nie. Ek sal jou nooit los nie."

Wanneer 'n skip die hawe binnevaar moet daar eers anker uitgegooi word om vas te kan staan, anders sal dit deur die see heen en weer geslinger word en kan dit op die rotse beland. So is dit ook in ons lewens. As ons nie ons anker in die Here vestig nie, sal die lewe ons heen en weer slinger en selfs later vernietig.

Die Here belowe dat Hy ons nooit in die steek sal laat nie, en Hy hou sy woord. Wat Hy belowe sal Hy doen. Watter wonderlike en bemoedigende woorde is dit nie. Ons is in Jesus geanker en niemand kan ons rondslinger en vernietig nie, want Hy hou ons stewig vas. Maak nie saak waardeur jy vandag in jou lewe gaan nie, die Here is daar en sal jou nooit los nie, maar saam met jou alles meemaak. Is dit nie wat dit beteken om veilig te voel nie?

Baie mense emigreer na ander lande vir werk en beter omstandighede en om hul kinders 'n beter toekoms te verseker. Daar is baie wat met onsekerheid in ander lande sit en wonder of hulle die regte besluit geneem het en of hulle nie eerder weer moet terugkom nie. Die Here het aan Jakob gesê: "Ek sal by jou wees en jou beskerm waar jy ook al gaan. Op die regte tyd sal Ek jou weer veilig terugbring na hierdie land toe. Ek sal jou nie verlaat nie, maar doen wat Ek beloof het." So sal die Here elkeen wat hierdie besluit moet neem, die nodige leiding gee of hulle moet gaan of bly, en as jy een van die is wat jou heil in 'n ander land gaan soek het, sal God jou weer terugbring na ons land toe wanneer die tyd reg is.

Met die verkiesing wat verby is en besluite wat geneem moet word, raak ons almal bang en onseker oor die toekoms. Ons raak so meegevoer met die regering se doen en late en wat hulle wil bereik en doen dat ons te bang voel om 'n toekoms in ons land te sien. Ons moet net weer besef dat dit net mense is wat die land regeer, maar dat God die een is wat die heelal beheer. Moenie bang wees nie - ons dien 'n groot God en Hy sal na ons omsien, want Hy is groter as alles en kan alle planne omkeer in iets goeds. Niemand is groter as Hy nie. Dit gee ons 'n gevoel van kalmte en veiligheid om te weet dat ons nie alleen is nie, ons het God by ons; groter sekerheid kry 'n mens nie. God is ons enigste anker en vaste hoop in goeie en slegte tye. "Moenie bang of huiwerig wees nie. Die Here jou God is saam met jou in alles wat jy doen" (Josua 1:9).

Die dood van 'n kind

Job 1:18-19: "U seuns en dogters het 'n party
gehou in die huis van hulle oudste broer.
Skielik was daar 'n baie sterk wind wat van
die woestyn se kant af gewaai het. Dit het
die huis van alle kante getref, en die huis het
inmekaar geval. Al u kinders is op slag dood."

Job het opgestaan en sy klere geskeur, so diep was sy smart. Hy het ook sy hare van sy hoof afgeskeer. Job het al die nuus van wat met sy besittings gebeur het moedig aangehoor, maar die nuus oor sy kinders se dood was vir hom die ergste. Uit sy optrede na hy die nuus gehoor het, sien ons diepe smart.

Menige ouer sal vir jou kan beskryf hoe hulle gevoel het toe hulle die nuus ontvang het dat hulle kind dood is; daar is selfs ouers wat meer as een kind op 'n slag verloor. Niks in die lewe is erger as om 'n kind te verloor nie. Dit is 'n seer wat nooit beskryf of met enigiets vergelyk kan word nie. Geen ouer se seer oor sy of haar kind se dood is dieselfde nie, want elke ouer het 'n ander verhouding met hul kind(ers) gehad en hanteer smart op verskillende maniere. Maar dat dit die seerste seer is, is gewis, en die leemte word nooit gevul nie.

Na my dogter 25 Februarie 2011 op 21-jarige ouderdom in 'n motorongeluk dood is, het ek baie met God oor die hoekoms en waaroms geworstel. Ek het vir die Here gesê dat ek dan elke oggend vir my gesin bid, hoe kon Hy haar wegneem? 'n Jong kind wie se lewe nog voor haar gelê het, en so skielik weggeneem is; 'n halfuur nadat sy my gegroet het. Dit is een van die dinge wat moeilik is om te verstaan, en dan sê die Woord dat God alles ten goede laat gebeur. Hoe kan iets goeds hieruit kom? Ek het Psalm 38:9 in my Bybel onderstreep want ek kon nie werklik uiting geen aan hoe ek gevoel het nie. Later het ek dit weer gelees: "Ek is uitgeput en heeltemal platgeslaan. Ek kreun met 'n versugting uit 'n gebroke hart."

Die pad vorentoe lyk swaar en steil, maar ek weet deur die genade en krag van die Here sal ek die bult uitkom. Van die dag van haar dood af voel dit of ek nie meer trane het om te huil nie, maar ek treur na binne en my hart is in stukke.

Gedurende die tyd wat so iets met 'n gesin gebeur, is daar mense wat jou bystaan en simpatie betoon; sommiges wat dieselfde pad gestap het, omvou jou met empatie. Baie belowe om die pad saam jou te stap en jou nooit alleen te los nie, maar soos die tyd aanstap, loop elkeen maar weer hul eie lewenspad en neem aan jy sal dit nou kan hanteer en alleen verder kan aangaan. Geen ouer sal ooit weer dieselfde wees na 'n kind se dood nie en die leemte en gemis word nooit gevul nie.

Jy leer wel om met dit saam te leef. Die enigste Een wat ooit sonder omdraai by jou staan en saam jou die pad stap, is die Here. Hy verstaan en vertroos jou in die tye wat jy nie kan of wil aangaan nie. Dan is daar die mense wat vir die Here kwaad is omdat hul kinders van hulle weggeneem is. Dit is nie die wil van die Here om jou seer te maak nie, want Hy is 'n God van liefde. Jou krag en sterkte lê in Hom en sonder Hom kan jy nie die pad stap nie. Ons sien net die hede raak, maar God sien in die toekoms in en weet hoekom Hy jou kind op daardie oomblik moes kom haal.

Ons lees in Samuel van Dawid wat egbreuk gepleeg het met Batseba en 'n kindjie is hieruit gebore. Wanneer hierdie kindjie sterf is die amptenare verbaas dat Dawid nie meer vas en bid nie, maar hom was en begin eet. Wanneer hulle hom oor sy gedrag vra, sê Dawid aan sy amptenare dat terwyl die kindjie gelewe het, hy nog kon bid dat die Here hom spaar, maar nou het hy nie mag om hierdie kindjie terug te bring nie. Eendag sal hy weer na hom toe gaan, maar hy kan nie na hom toe terugkom nie (2 Samuel 13:23).

God is al Een wat mag oor lewe en dood het, en die enigste troos wat ons het is dat die dood nie die einde is nie, maar die begin, en dat ons ons kinders weer sal sien. Die wete dat ons weer met die wederkoms herenig sal word, is vir elke Christen 'n wonderlik troos. Dat ons nooit weer geskei gaan word nie, is 'n blye dag om na uit te sien. 1 Korintiërs 15: 22: "Net so sal almal wat aan Christus, die ander mens, verbonde is, weer lewend gemaak word." In Openbaring 21:4 sê God: "Ek sal elke traan van hulle oë afvee en die dood sal glad nie meer bestaan nie. Ook hartseer en smartkrete of pyn sal glad nie meer bestaan nie."

Ek het met baie vrae geworstel. Het sy te vinnig gery? Het sy haar veiligheidsgordel gedra? Hoekom het sy nie maar saam my die oggend gery nie? Ek het agterna 'n boodskap gekry wat my gevra het "En as julle in die ongeluk was en jou kind is dood? Hoe sou jy dan gevoel het? Ons kan nie vir die Here probeer voorskryf hoe dinge moes gebeur het nie, dit was sy wil om ons kind te neem en dit was haar regte tyd om ons Hemelse Vader te ontmoet.

Ek het 'n ruk na my kind se dood 'n droom gehad waar ek haar op die trappe naby haar kamer sien sit het, met haar rug na my. Terwyl ek bly was om haar te sien, het sy opgestaan en in haar kamer ingegaan sonder dat ek haar gesig kon sien. Ek het agter haar aangeloop en haar aan die skouers gevat en haar na my toe gedraai. Sy het ewe skielik heeltemal in 'n goue kleur verander, van haar hare tot by haar voete. Sy het vir my gesê: "Mamma, ek het niks verkeerd gedoen nie," en weg was sy en die droom.

Ek kon haar net aan haar oë herken - verder was sy volmaak; die mooiste kind wat ek nog gesien het. Ek het nie geweet watter tipe beserings sy werklik opgedoen het nie, want ons is aangeraai om nie na haar te gaan kyk nie. My skoonseun het haar gaan uitken, en soos ek kon aflei, was haar hele gesiggie vermink en kon my skoonseun haar net aan haar ogies uitken. Dat sy nou so volmaak lyk, het my gerus gestel en ek weet sy is veilig by Jesus.

Ek het in 1 Korintiërs 16:43 gelees hoe pragtig 'n mens sal wees as jy uit die dood opgewek word. "Ons liggame wat in die grond geplant word, is maar heel gewoon, maar hulle sal in glansende heerlikheid opgewek word."

Dieselfde tyd wat ek die droom gehad het, het my oudste dogter, Zandi, ook 'n droom oor haar sussie gehad. Sy het gedroom Lalla (haar troetelnaampie vir ons) het met haar kop op haar skoot gelê terwyl hulle televisie kyk. Zandi het met Lalla se hare gespeel, maar nie haar gesig gesien nie. Daar was iets van 'n troue op en Zandi het vir Lalla gesê: "Dit is jammer ons sal nooit jou troue beleef nie." Die volgende oomblik het Lalla opgestaan en weggestap. Sy het net haar kop agteroor gegooi, soos sy altyd gedoen het, en gesê: "Dit pla my nie, want ek sit elke dag by Jesus se voete."

Eenkeer in 'n kerkdiens het die dominee gepreek oor Stefanus wat gestenig is en opgekyk het na die hemel terwyl die klippe op hom reen. Hy het Jesus aan die regterhand van God sien staan, nie sit nie, maar staan. Jesus staan op as ons deur moeilike tye gaan om vir ons te wys dat Hy saam met ons deur alles gaan. Al wat ons as ouers moet doen, is om terug te keer na die Here se arms, want Hy wag vir ons om ons te vertroos en Hy sal ons elke dag krag gee om staande te bly. Deur uit te reik na ander in dieselfde situasie maak soms seer, maar hulle sal jou bemoediging waardeer en so sal jy ook deur die proses geheel word.

Selfmoord

Psalm 34:19: "Die Here is naby die wat hartseer is. Hy help hulle wat geestelik stukkend is"
en Matteus 5:4: "Gelukkig is die treurendes, want God sal self hulle trane afvee."

Selfmoord is een van die onverklaarbaarste maniere om jou lewe te beëindig en geen mens kan verstaan hoekom iemand tot so 'n uiterste oorgegaan het nie. Die persoon wat sy of haar lewe neem, verlos hom of haar self uit die samelewing en omstandighede, maar die mense wat agterbly kry die swaarste. Dink mooi voor jy tot die daad wil oorgaan; daar is 'n uitkoms as jy net daaroor praat. Baie ouers het al na die tyd gesê: "As my kind net met my kom praat het." Maak nie saak wat jy in die lewe gedoen het nie - daar is *altyd* 'n uitweg. Jongmens, as jy iets verkeerd gedoen het, en jou pa dreig hy gaan jou nek-velle aftrek, onthou: Dit sal nie gebeur nie, want jy is meer werd as dit wat jy gedoen het.

Jy as tiener, as jou verhouding skeefgeloop het, moenie jou lewe neem nie. Die ander persoon is dit nie werd nie, en gaan met hul lewens aan al is jy is nie meer daar nie. Dit is mos nie die moeite werd om jou lewe te neem net omdat iemand jou nie goed genoeg ag nie? Jy is 'n unieke mens en daar sal iemand spesiaal vir jou kom, wees net geduldig.

Dan is daar al die vrae as iemand sy of haar lewe geneem het. Die hoekoms en waaroms los ons met die verwyte dat as ons maar meer gedoen het. Mense is geneig om te oordeel en te sê dat 'n persoon wat selfmoord pleeg, direk hel toe gaan. Geen mens kan so 'n uitspraak lewer nie; niemand weet waardeur daardie persoon gegaan het en wat die laaste oomblikke van sy of haar lewe saam met die Here was nie.

My broer het sy lewe probeer neem deur homself te hang, maar hy is nie dadelik dood nie en het breinskade opgedoen. Dit was vir my verskriklik erg om hom so te sien lê en te weet dat hy nooit weer dieselfde gaan wees nie en dalk in 'n inrigting gaan opeindig. Terwyl ek langs sy bed in die intensiewe eenheid gestaan het, het ek vir hom gebid. Ek het tot die Here gebid oor sy besluit. Sou my broer so wou lewe of is dit beter vir hom om eerder na die Here geneem te word?. Ek het ook vir die Here gesê dat hoe hartseer dit ook al is, ek sal my berus by wat Hy ook al besluit. Ek het met my broer gesels en ek glo hy kon my hoor, want hy het sy gesig na my gedraai en trane het uit sy oë geloop. Ek glo hy wou dit nie werklik doen nie, maar dat dit net 'n noodkreet om hulp was vir wat dit ook al was wat verkeerd gegaan het. Niemand van ons het ooit besef dat daar fout was en dat hy so iets sou doen nie. My broer is 'n maand na die voorval oorlede.

Ons het 'n genadige God wat ons baie liefhet en Hy weet wat daardie persoon op daardie onbesonne oomblik gedoen het om die dood as die laaste uitkoms te sien. Vergewe die persoon wat dit gedoen het, maak hom of haar vry. Jesus het aan die kruis vir God gesê: "Vader, vergeef hulle, want hulle besef nie wat hulle doen nie" (Lukas 23:34). Ons kan ook net bid en vra dat die Here die persoon sal vergewe, want op daardie oomblik het die persoon geen hoop gehad nie en net daarop gefokus om sy of haar lewe te beëindig; dalk sonder die besef wat hulle besig is om te doen. Vergewe jouself en bevry jou van watter worsteling jy ook al deurmaak, want jy het gedoen wat jy kon en niks of niemand sou daardie persoon op daardie oomblik tot ander insigte kon bring nie. Onthou die goeie herinneringe aan die persoon en hou daaraan vas.

Die Here gee altyd uitkoms

Paulus is voor die Joodse Raad gebring om gestraf te word. Paulus het geweet dat die Joodse Raad tussen Fariseërs en Saddusees verdeel was, daarom kon hy verdeeldheid onder die raadslede bring. Paulus is op die ou end tussen hulle uit verwyder om hom te beskerm. Die Here het hierdie redding vir Paulus bewerkstelling. So sal die Here enige situasie gebruik om vir ons uitkoms te gee.

Al lyk dit nou of daar nie uitkoms is nie, raak stil en luister, dan sal jy die antwoord kry; miskien nie dadelik nie, maar definitief. Niks is té klein of té groot vir God nie. Partykeer bevind ons ons in baie moeilike situasies en sien ons geen uitkoms nie. Ons sien nie raak dat die Here saam met ons deur die situasies gaan nie. Ek verwys weer na my kankerdiagnose.

My seun het die aand vir my iets vertel wat my altyd sal by bly en vir my baie beteken het as ek moeg en moedeloos begin raak het oor die chemo en wou opgee. Hy vertel dat hy ná my oproep oor my kankerdiagnose, met sy jarelange vriend by die werk gesels het en hom vertel dat ek met kanker gediagnoseer is. My kinders het reeds hul pa en suster kort na mekaar verloor, en dit was vir hom baie angswekkend om te weet ek is siek.

Sy vriend het hom die volgende vertel: Daniël en sy vriende is in 'n vuuroond gegooi omdat hulle nie die afgode wou aanbid nie, maar net vir God alleen. Hulle is nie net in die oond gegooi nie, maar is ook vasgebind. Nebukadnesar het gevra dat die oond nog sewe keer warmer gestel moes word. Gewoonlik sal 'n mens in minute tot as verbrand. Nebukadnesar was egter verstom, want hy het nie net vir Daniël en sy vriende in die oond gesien nie, maar nog 'n man.

Om seker te maak hy sien reg, vra hy sy raadgewers of hulle dan nie net drie mans in die oond gegooi het nie, waarop hulle positief geantwoord het. Nebukadneser wys hulle dat hy vier mans in die oond sien rondloop en dat hulle nie vasgebind is nie en niks makeer nie; die vierde persoon lyk soos 'n bo-aardse wese. Nadat hy Daniël en sy vriende uit die oond laat kom het, sien hy dat nie eens hul hare geskroei was nie. So sal die Here jou ook deur alles beskerm en saam met jou deur alles gaan.

God sal ons altyd beskerm – Hy belowe dit in sy Woord. Soms voel dit asof ons teen 'n muur vas bid en niks gebeur nie. Dit is daardie tye wat Jesus sy rug na jou draai om vir God hulp en raad te vra. Jy is nie alleen in jou omstandighede nie, God is altyd daar.

Vrees

Deuteronomium 31:6: "Wees sterk en hou
moed! Moenie vir hulle bang wees nie! Die Here
julle God sal met julle wees. Hy sal julle nie in
die steek laat nie en julle nie verlaat nie."

Hoe baie keer hoor 'n mens dat iemand bang is. Bang vir 'n bestuurder wat niks en niemand ontsien nie. Bang om hulle werk te verloor. Bang om iewers heen te ry. So kan ons aangaan. Vrees is elke dag deel van ons lewens. Geen mens kan sê dat daar nog nie 'n tyd was dat hulle iets gevrees het nie.

So is daar baie mense wie se lewens deur vrees oorheers word. Hulle kan niks doen nie, want hulle vrees alles. Die Here laat ons nie in vrees lewe nie. Hy is 'n sagmoedige en barmhartige God en sal ons nooit verlaat nie. Vrees is van die duiwel, want hoe meer hy jou onseker en vrees-bevange kan laat voel, hoe gelukkiger is hy. Bid tot God oor die vrees wat jou lewe oorheers. Jy sal dit nie alles op een slag oorwin nie, maar stukkie vir stukkie kan jy die vrese wat jou lewe oorheers een vir een uitskakel en 'n vry mens word.

Wanneer jy iets wil aanpak, gaan voluit daarvoor. Bid en vertrou net die Here genoeg om te weet dat Hy jou van die vrese sal verlos en jou sal beskerm. In Josua 1:9 lees ons: "My opdrag aan jou is dat jy sterk en dapper moet wees. Moenie bang of huiwerig wees nie. Die Here jou God is saam met jou in alles wat jy doen."

Wat 'n wonderlike wete is dit nie om te weet dat God met ons is nie! Maak nie saak wat ons moet oorwin nie, God is daar vir ons. Hy sal jou bystaan in jou vrese en jou oorwinning gee. Vertrou Hom net met alles en jy sal as oorwinnaar uit die stryd tree. Hy het jou oneindig lief. God is die enigste een wat ons moet vrees. Jesaja 9:13: "Moenie vir enigiets of enigiemand bang wees nie, behalwe vir die Here, die Almagtige. Hy alleen is die Heilige een. As julle Hom vrees, hoef julle vir niemand anders bang te wees nie."

God verstaan swaarkry en sal voorsien

Openbaring 2:9: "Ek ken jou swaarkry en jou armoede, maar tog is jy ryk" en Jakobus. 5:11: "Ons gee met reg eer aan die wat in swaarkry uithou. Job is 'n voorbeeld van iemand wat geduldig volhard het. Uit wat uiteindelik met hom gebeur het, sien ons dat God se einddoel goed is. Die Here is mos vol innige meelewe en Hy gee onverdiend sy liefde."

Baie lank gelede het ek 'n prentjie per e-pos gekry waar die Here na die aardbol kyk en die trane teen sy wange afloop. Dit het my baie geraak om te sien hoe die Here met baie deernis en hartseer na die wêreld kyk. Vir hierdie wêreld het Hy sy lewe aan die kruis opgeoffer sodat ons nie verlore mag gaan nie, maar die ewige lewe sal beërwe. Die Here ken ons swaarkry en Hy weet ons raak moedeloos wanneer dit lyk of dinge net nie wil regkom nie. Ons raak depressief en partykeer gee ons sommer moed op, want ons sien nie 'n oplossing vir ons probleme nie.

Die Here toets ons geloof op verskillende maniere en sal ons nooit bo ons kragte toets nie. Wanneer jy van die pad afgedwaal het, moet jy weer teruggaan op jou knieë, die Here om vergifnis vra en Hom vra om die pad wat jy moet volg vir jou aan te dui. Swaarkry is deesdae so openlik sigbaar dat dit 'n mens se hart breek om kinders en mense verwaarloos en honger te sien. Wanneer die Here jou uit jou omstandighede lig en dit met jou beter gaan, moet jy nooit vergeet waar jy vandaan kom nie, en as jy weer 'n bydrae aan iemand anders wat in dieselfde posisie as jy was kan lewer, sal die Here jou nog meer seën.

Daar is baie plekke in die Bybel waar swaarkry aan die orde van die dag was en die enigste uitweg was om na God te roep. Dawid het baie keer benoudheid beleef en dan na die Here geroep. Na elke aanroep het hy die Here geloof en geprys vir die uitkoms wat Hy gaan gee. Hy het nie gesit en wag vir 'n uitkoms nie, hy het geglo dat die Here 'n uitkoms sal gee. So moet ons dan nie net bid nie, maar ook glo dat die Here die uitkoms sal voorsien. Job het op 'n ashoop geëindig nadat hy die rykste man op aarde was en alles van hom af weggeneem is. Hy het God nog steeds aanbid en geloof. Die uitkoms van sy lewe was beter as wat hy gehad het.

As jy val in die lewe, moenie gaan lê nie. Staan op en veg teen die aanslae van die lewe met die Here aan jou kant en moenie moed verloor nie, want daar wag 'n goeie uitkoms vir jou. Die Here sê vir jou in Jeremia 29:11 dat Hy weet wat Hy vir jou beplan het; voorspoed en nie teëspoed nie. Hy wil hê dat jy hoop vir die toekoms moet hê. Gaan terug na die Here en luister na sy stem, want daar is alreeds 'n oplossing vir jou probleme en jy moet net die Here om hulp vra. Hy wil hoor dat jy Hom nodig het, want ons is almal geneig om dinge op ons manier te probeer oplos en dan maak ons nog 'n groter gemors daarvan, in plaas dat ons geduldig op die Here wag vir 'n uitkoms.

1 Petrus 5:7: "Gee al julle bekommernisse aan God oor, want Hy gee vir julle om," en 2 Korintiërs 12:9: "My genade is genoeg vir jou, want my krag kom juis in swakheid tot volle verwesenliking." Kyk na Dawid wat op die kruin was en dan weer val. As 'n mens die Psalms lees, kom jy agter in watter gemoedstoestand hy is, maar tog prys hy altyd die Here. Dawid het baie terugslae beleef, maar hy het elke keer weer opgestaan en aangegaan, want sy geloof in die Here was sterk en vas. Hy het geweet dat sy hulp van die Here kom. Jak 1:2-4 sê: "Wanneer 'n mens se geloof 'n toets deurstaan, veroorsaak dit dat jy kan volhard. Julle moet egter enduit volhard. Dan sal julle julle lewensdoel bereik en geestelik gesond word. Julle sal niks kortkom nie."

Baie keer as die lewe sy rug op jou draai en die een ding op die ander gebeur, is dit maklik om in moedeloosheid te verval. Dit voel of jy net nie bo kan uitkom nie. Die Here toets 'n mens se geloof en na elke terugslag word jy sterker vir dit waarvoor die Here jou wil gebruik. Wanneer jy voel dat God jou verlaat het, weet dat dit nie so is nie; jy gaan dalk nou deur 'n tydelike dip in jou lewe en dit is wanneer die duiwel 'n houvas op jou emosies probeer kry om jou te laat wegdraai van die Here. Die Here sal jou deur hierdie tyd dra. Hy is daar en Hy weet hoe jy voel; klou net aan jou geloof vas en glo dat daar weer beter dae sal wees. Ons lees in Matteus 10:29-31: "Julle weet dat twee mossies vir 'n skamele sent verkoop word. Tog beland nie een van hulle hulpeloos op die grond sonder dat julle Vader daarvan weet nie. Wat julle betref, is elke haar op julle kop getel. Wees daarom nie bang nie. Ons is vir Hom meer werd as 'n hele swerm mossies."

In vandag se tye is die werkloosheidsyfer op sy hoogste. Mense sukkel om werk te kry en verloor net so vinnig hul werke. Daar is nie meer liefde en genade vir ander nie. Gesinne kry swaar en die toekoms lyk donker. Die Here belowe egter dat Hy vir ons sal sorg; elke haar op ons hoof is getel en Hy sorg vir die mossies en vir die hele natuur. Toe my hare van die chemo begin uitval het, was dit 'n baie traumatiese ervaring vir my. Ek het toe besef hoe baie hare mens eintlik op jou kop het, en dat nie een van hulle afgeval het sonder dat die Here daarvan bewus was nie. Niemand gooi die bome nat in die berge of op die vlaktes nie, maar kyk hoe mooi groei hulle. Die Here voorsien reën sodat daar selfs vir die kleinste diertjies voedsel is. Hoeveel te meer sal Hy nie vir ons sorg nie? 'n Mens dink jy moet baie verskillende kosse in jou kas hê asook baie materialistiese goed voor jy kan lewe. Elke stukkie kos wat jy vandag kry, is genade; elke ding wat jy in die lewe ontvang, is genade. Niks wat jy ontvang of besit is wat jy verdien nie; ons hemelse Vader het dit vir jou geskenk en jy is bevoorreg - dank God in alles en reik uit na jou naaste wat nie het nie, want die Here het 'n vrymoedige gewer lief.

God sorg vir jou sodat jy vir ander kan gee. Psalm 55:23: "Gee jou kommer oor aan die Here, Hy sal vir jou sorg. Hy sal gelowiges nie teleurstel nie." Hier sê Dawid vir ons om ons sorge aan die Here oor te laat en te vertrou dat Hy vir ons sal sorg. Hagar is weggestuur van Abram en Sara nadat Isak gebore is. Sy het doelloos in die wildernis van Berseba rondgedwaal en haar laaste bietjie water was op. Sy het vir Ismael onder 'n bos gesit en 'n ent verder gaan sit om nie te sien hoe haar kind doodgaan nie. Baie keer gaan sit ons ook op 'n ashoop en verloor ons moed. Ons sien geen lig of oplossing vir ons probleme nie. As ons verder lees oor Hagar, het die Here die kind se hulpgeroep onder die bos gehoor. Dit was nie Hagar wat na die Here geroep het nie, maar Ismael se gehuil wat na die Here opgegaan het. Ons ken die verhaal verder, waar Hagar se oë geopen is en sy die put met water gesien het en haar kind kon water gee; God het voorsien (Genesis 21:14-20).

Baie keer kyk ons ook die put wat die Here vir ons gegee het mis. Ons kyk so vas teen al ons probleme en sien nie dat die Here vir ons iets anders in gedagte het nie. Bid tot God en glo dat daar 'n verskil in jou lewe sal plaasvind. Dit help nie jy gaan sit op 'n hoop en verwag God moet alles vir jou doen nie; jy moet ook jou kant bring. Een van die mooiste Psalms is Psalm 23.

DIE HERE IS MY HERDER

Die Here is my herder;
Daar is niks wat my ontbreek nie.
Hy laat my rus in groen weivelde;
Na water wat verfris, lei Hy my.
Hy gee my nuwe krag.
Hy lei my op die pad van geregtigheid

Tot eer van sy Naam.
Wanneer ek loop in 'n donker vallei,
Sal ek nie bang wees nie, want U is naby my.
U stok en U staf beskerm en ondersteun my.
U berei vir my 'n feesmaal voor die oë
Van al my vyande.
U verwelkom my as 'n eregas
Deur my kop te salf met olie
En my beker vol te maak met seëninge.
U goedheid en trou vergesel my al die dae van my lewe;
En ek sal bly in die huis van die Here
So lank as wat ek lewe.

Voel jy alleen en verlore?

D aar kom in elke mens se lewe 'n tyd waarin jy "af" voel. Jy verstaan nie hoekom nie, maar jy voel net nie jouself nie. Jy voel selfs dat God jou verlaat het en jy is mismoedig en kan nie verklaar wat jou eintlik pla nie. Gister het jy nog op die kruin van jou geloof gery en vandag staan jy met 'n swaar gemoed op. Jy soek fout met alles en almal... Selfs Dawid het sulke dae beleef en met tye so gevoel, al was hy so lief vir die Here en het hy 'n groot geloof gehad. Ons lees dit in Psalm 42:6-7: "Hoekom is ek nou mismoedig? Hoekom so hewig ontsteld? Nee, ek plaas my hoop op God! Ek sal Hom weer prys. Hy is my redder en my God"

'n Mens kan alleen en verlore voel al is jy tussen baie mense. Alleenheid het niks te doen met om, by wyse van spreke, alleen op 'n eiland te sit nie. Alleenheid is die gevoel van om leeg in jouself te voel; dit is anders as om eensaam te wees. Partykeer is dit goed om bietjie alleen te wees en perspektief te kry oor die lewe, maar om saam met die alleenheid verlore te voel, is 'n neerdrukkende gevoel.

Partykeer is jy nie lus vir mense nie en wil jy alleen wees. Dan kom daar weer tye wat jy voel jy het iemand nodig, maar daar is niemand vir jou op daardie spesifieke tydstip nie. Ons lewens raak so besig dat ons nie meer vir mekaar tyd maak nie. Die bietjie tyd wat ons het, probeer ons saam met ons gesinne spandeer. Deur net op jou telefoonlys te kyk en op te let na wie almal daarop is met wie jy lanklaas gekommunikeer het, kan jy dalk agterkom wie jy verwaarloos het en wie jou nodig het, maar vir wie jy nie tyd kon afknyp vir bystand of bemoediging nie. Ons voel altyd ons moet bemoedig word, maar tog voel 'n mens baie beter as jy iemand anders bemoedig en so van jou eie sorge en laste vergeet. Maak 'n punt daarvan om ten minste een keer 'n maand aan iemand wat jy afgeskeep het, tyd af te staan - al stuur jy net 'n boodskappie. Jy sal nooit weet watter verskil jy dalk op daardie oomblik in daardie persoon se lewe maak nie.

Die Here weet hoe ons voel, selfs (en veral) as dit lyk of niemand ons meer raaksien en vir ons omgee nie. Die verskil is dat ons net 'n gebed ver van die Here is wat ons daardie versekering gee dat Hy daar is as ons Hom aanroep. Ons lees in die Bybel dat Jesus ook alleen gevoel het toe Hy aan die kruis gehang het. Matteus 27:46: "Eli, Eli, lemá sabagtani," wat beteken, "My God, my God, waarom het U My verlaat?" Hy het uitgeroep na God en gevra waarom God hom verlaat het voordat Hy sy asem uitgeblaas het. Hoeveel te meer luister God nie na ons roepstemme nie?

God hoor jou gebede

*1 Johannes 5:14–15: "Dit is die vrymoedigheid
wat ons voor God het dat wat ons ook al
volgens sy wil vra, Hy na ons luister. As ons
dan met die wete leef dat Hy na ons luister, na
wat ons ook al vra, weet ons ook dat Hy die
versoek wat ons gevra het, sal toestaan."*

*Romeine 8:26: "Die Gees van God help ons ook
nog boonop in ons onbeholpenheid. Ons weet
immers nie mooi wat en hoe ons moet bid nie.
Maar die Gees self neem ons gebedsbehoeftes
voor God op met versugtinge wat nie in
menslike taal verwoord kan word nie."*

Wanneer jy afgemat en moeg voel en jou geloof in
die Here begin verdof, hou aan Bybel lees en bid.
Niks werk so kragtig soos 'n gebed nie. Die Here sê in sy
Woord dat waar twee of meer in Sy naam vergader, daar
is Hy. As ons ons gebede tot God rig, sal Hy dit verhoor.
Het jy al gedink as mense vir jou bid, hoeveel gebede ge-

lyktydig vir jou opgaan? Oral in die Bybel lees ons hoe magtig die Here is. Ons kan ons nie voorstel hoe magtig God is nie. Tog is Hy so regverdig en vol genade dat Hy ons nie verdruk nie (Job 38:23). Dit is net nog 'n bewys dat wanneer iets magteloos lyk, ons God almagtig is en Hy die enigste een is wat ons kan help. Maak nie saak watter draaie jou lewe geloop het nie: As jy die Here aanroep, sal Hy jou terugbring op die regte pad en jou nooit verwyt vir die tye wat jy Hom nie wou ken nie. Die Here het jou by jou naam geroep, jy ís Syne.

Ek het eendag oor die radio die volgende woorde gehoor: "God knows how to humble us without humiliating us." Is dit nie 'n wonderlike Vader wat ons dien nie? Hy weet presies hoe om die pad vir ons aan te dui sonder om ons verneder te laat voel. Wanneer ons onself in enige omstandighede begewe - of dit goed of sleg is - behoort ons tot die Here te bid. Dit is so wonderlik om te weet dat ons 'n Vader in die Hemel het wat na hierdie aarde neerkyk en ons gebede verhoor.

Elke gebed word beantwoord, al is dit nie altyd op ons tyd en soos ons dit wil hê nie, want ons Hemelse Vader weet wat ons nodig het en wat vir ons goed is. Baie keer is ons gebede sonder krag want ons bid net omdat ons moet bid; dan is daar kere wanneer ons amper smekend voor God staan met ons gebede. Elke gebed word aangehoor. En ons moenie net vir onself bid nie, maar ook vir ons vyande, want die Here kan in elke mens se lewe 'n verandering bring.

As jy byvoorbeeld 'n werkgewer het wat jou lewe vir jou moeilik maak of onredelik is, bid vir hom vir 'n hartsverandering en dat hy tot inkeer sal kom. Ons moet in alle omstandighede ook vir die anderkant van die omstandigheid bid sodat dit omgekeer kan word en in iets goed kan verander.

Die Here self het sy dissipels geleer hoe om te bid, en dit is die gebed wat ons vandag nog bid (Matteus 6:9-13).

ONSE VADER

Ons Vader in die hemel,
Laat u Naam geheilig word.
Laat u koningsheerskappy spoedig kom.
Laat u wil hier op aarde
Uitgevoer word soos in die hemel.
Gee ons die porsie brood
wat ons vir vandag nodig het.
En vergeef ons ons sondeskuld
Soos ons ook ons skuldenaar vergewe het.
Bewaar ons sodat ons nie
aan verleiding sal toegee nie,
En bevry ons van die greep van die Bose,
Want aan U behoort die koninkryk
Die krag en die heerlikheid
Tot in ewigheid
Amen

Bid gedurig dat die Heilige Gees jou sal versterk en weer sal laat oorborrel van die goedheid van onse Here, Jesus Christus.

Die lewe is soos 'n legkaart

Matteus 18:13: "En as hy hom wel kry, wil Ek julle verseker hy sal blyer wees oor daardie een as oor die wat nie weggeraak het nie!"

Wanneer 'n mens 'n legkaart bou, dan sorteer jy eers die kante uit en sit soorte bymekaar. Daarna begin jy stukkie vir stukkie aanmekaar las totdat die prent voltooi is. Die grootte en die kompleksiteit van die legkaart bepaal hoe lank dit neem om te voltooi. Dit is 'n baie ontspannende stokperdjie en help ook om 'n mens se brein te oefen. Dit kan 'n spanpoging wees, of jy kan dit alleen bou. Elke legkaartstukkie het sy eie vorm en elke stukkie is noodsaaklik om op die ou end die prent wat op die omslag van die houer is, weer te gee. Die hoeke en kante van die legkaart stel die grense van die lewe vas. Elke legkaartstukkie het ook sy eie vorm. Net soos 'n legkaart pas ons elkeen iewers soos 'n legkaartstukkie in die lewe. Die Here het nog voor jou geboorte al 'n prentjie van jou gehad. Die Here het ons elkeen ons eie vorm gegee en ons só gevorm dat ons sal inpas waar Hy ons wil hê.

Die kante en hoeke is die riglyne wat die Woord vir ons bepaal; dit bepaal die grense om binne die raamwerk van die legkaart te bly.

Dan is daar die van ons wat bietjie sukkel om by die Here uit te kom, maar Hy is geduldig met elkeen van ons om ons te vorm tot ons in sy legkaart pas. Hoe wonderlik is dit nie om te weet dat ons op die ou end sal wees, en lyk, soos die prentjie wat God vir ons in gedagte gehad het nie! Almal van ons sal in sy skepping pas en ons sal elkeen ons doel dien soos wat die Here dit vir ons bepaal het. Partykeer is daar 'n verlore legkaartstukkie, dan soek ons verbete na daardie stukkie sodat ons die legkaart kan voltooi. So soek die Here na elkeen van ons as ons die pad byster geraak het, en as Hy ons kry, bring Hy ons terug na sy weë sodat die legkaartstukkie op die regte plek inpas, waar dit hoort, en Hy die prentjie kan voltooi. So verseker die Here ons dat elkeen wat sy naam aanroep, nie verlore sal gaan nie, maar die ewige lewe sal beërwe. Hy sal ons gebruik om vir Hom as lig te skyn. Hy is trots op elke legkaart wat Hy bou en gee dit vir niemand anders nie, maar hou dit by Hom, vir Homself, want dit is sy kunswerk wat Hy met liefde en geduld voltooi het.

Geloof in die Seun van God oorwin die wêreld

1 Johannes 5:4: "Want elkeen wat God as Vader het, oorwin die wêreld," en Psalm 103:1: "Ek wil die lof van die Here verkondig. Met alles wat binne-in my is, wil ek sy heilige Naam verheerlik."

Wanneer 'n mens tot bekering kom, vind 'n wonderlike transformasie plaas. Die ou lewe maak plek vir die nuwe lewe wat in jou begin groei. Baie keer voel 'n mens dat jy in jou geloof stagneer en kom nie verder nie, maar dit is dan wanneer daar 'n nuwe vlak van geloof bereik word. Hou net aan bid deur hierdie tyd. Die Here sál jou deur middel van die Heilige Gees opnuut bemoedig en in jou geloof versterk. Dit is soos om 'n stel trappe te klim; as jy nie fiks genoeg is nie, sal dit jou langer neem om bo uit te kom. As die trappe te veel is, kan jy dalk moed opgee om verder te klim.

Jy moet gereeld oefen om te kyk hoeveel trappe jy op 'n dag kan klim en daarmee volhou tot jy selfversekerd voel dat jy, as jy weer so baie trappe moet klim, dit tot bo sal maak. Wanneer jy dan terugkyk na waar jy vandaan gekom het, het jy nóg 'n oorwinning behaal. Net so is dit met geloof. Jy moet daagliks bid, Bybel lees en in verhouding met God leef om te kan groei. Die Here sê in sy Woord dat Hy ons nie bo ons magte aan versoeking sal blootstel nie, maar dat Hy ons ook die krag sal gee om dit te kan weerstaan en te deurleef. So sal jy in jou geloof ook groei en jou vertroue meer in die Here stel en minder op jou eie vermoë staatmaak.

Wanneer ons na kindertjies luister wat Christelike liedere sing, sing hulle uit hul hartjies uit. Dit is darem so pragtig, suiwer en opreg. Hulle besef nog nie werklik hoe groot die Here is nie, maar leer van kleintyd om Hom te loof en te prys. Hulle het volle vertroue in die Here wat in sy Woord vir ons sê om weer soos kindertjies te word. Dawid het in Psalm 8:3 geskryf: "Kinders en babas besing U lof." Ons moet ook weer soos kindertjies begin sing en die Here loof en prys. Daar is so baie plekke in die Bybel waar die Here geloof en geprys word dat dit moeilik is om net een vers uit te sonder. Ons moet ten alle tye die Here loof en prys vir wat Hy vir ons in ons lewens doen. Ons is meer geneig om te vra en te ontvang as wat ons is om die Here te loof en te prys. Wanneer ons aardse pa vir ons iets gedoen het wat wonderlik is, sal ons by ons vriende gaan spog en sy lof besing. Jy sal vir almal vertel wat jou pa in 'n sekere situasie vir jou gedoen het of hoe baie hy vir jou beteken. So wil ons Hemelse Vader ook hoor hoe dankbaar en bly ons is vir alles wat Hy vir ons doen. Ons dade behoort ook die dankbaarheid wat ons teenoor die Here het te wys, deur van Hom te praat waar ons ook al gaan – oor alles wat Hy vir ons doen en beteken. Verkondig sy naam sodat ander ook kan leer hoe wonderlik God vir jou is, want so versprei jy ook sy Woord. Jy weet nooit wanneer jou dade iemand na die Here kan lei en tot bekering kan laat kom nie. Wees altyd dankbaar en loof en prys die Here in alles wat jy doen en sê. Hy wil graag hoor dat ons dankbaar is vir alles wat Hy vir ons doen.

Talente en gawes

Talente en gawes word baie keer as een gesien, maar is eintlik twee verskillende beskrywings. Talente is bekwaamhede, begaafdhede, vermoëns of natuurlike aanlegte. Gawes is spesiale Christelike talente wat God deur middel van die Heilige Gees aan elkeen afsonderlik geskenk het. Geloof, byvoorbeeld, is 'n gawe van God. Jy het 'n talent om klavier te kan speel, maar jy het 'n gawe ontvang om mense te genees.

Markus 4:21: "'n Lamp is tog sekerlik nie bedoel om onder 'n emmer of onder 'n bed gesit te word nie. Dis mos bedoel om op 'n lampstaander gesit te word waar dit sy lig kan versprei."

Baie keer dink 'n mens jy is nie goed genoeg om deel te wees van 'n seker groep nie of jy kan nie goed praat nie of is nie 'n goeie sportster nie; die lys is sonder einde ... Maar in elke mens is daar 'n besondere talent versteek. Partykeer moet 'n mens harder konsentreer op wat dit is wat jy werklik kan vermag. Daar is mense wat mooi kan brei en hekel. Dit is 'n talent. Dan is daar weer mense wat groen vingers het en enigiets in die grond kan druk en dit groei tot die mooiste plant of blom. Dit is 'n talent. Ons ontwikkel dikwels baie van ons talente nie, want ons bly vassteek by die talente wat ander het. Hoe gering jy ook al jou taak in die lewe skat, daar is menige wat dit raaksien en vir wie dit baie waardevol is.

In 1 Korintiërs 12:8 -11 lees ons van al die gawes wat die Gees aan ons gee: "Aan die een gee die Gees die be-kwaamheid om wyse raad te gee, aan 'n ander gee Hy die gawe om spesiale kennis. Aan iemand anders gee hierdie selfde gees 'n heel besondere geloof, aan nog een gee Hy gawes van genesing, aan 'n volgende een die vermoë om wonders te verrig, aan een die vermoë om te onderskei tussen God se Gees en ander geeste, aan iemand anders die gawe van praat in tale, aan nog een die bekwaamheid van tale uit te lê. Dit is een en dieselfde Gees wat al hierdie gawes bewerk en wat aan elkeen uitdeel soos Hy dit goedvind."

Gaan dink 'n bietjie na oor wat jy goed kan doen. Daar is mense wat ander in moeilike omstandighede bemoedig en dink dit is in hul geaardheid, maar dit is 'n gawe van die Gees. Daar is mense wat vir ander kan bid vir genesing; so is daar baie gawes in die Bybel wat ons as vanself-sprekend aanvaar, maar dit is 'n gawe wat die Gees vir jou gegee het. Gebruik dit tot eer van die Here!

Hieruit kan ons aflei hoeveel wonderlike gawes daar tot ons beskikking is; elkeen ontvang die gawe soos God dit vir hom of haar beskik het. Nie een gawe is beter as 'n ander nie. In vers 31 sê Paulus: "In alle geval, konsentreer op die nuttigste gawes." Moenie jou talente en jouself onderskat nie; jy is 'n unieke mens met unieke gawes en talente, so gaan leef dit uit. Dit sal in die begin vir jou voel of jy nie vorder nie en eerder wil opgee, maar hou aan en jy sal op die lange duur die vrugte van jou volhouding en uithouvermoë pluk. Ek het eenkeer oor die radio gehoor van die vrou wat op 80-jarige ouderdom klavierlesse begin neem het, en 'n baie suksesvolle pianis geword het. Ons hoor van mense wat na 70 hul matriek of 'n graad ontvang het. Sien, álles is moontlik as jy dit met die regte gesindheid aanpak en nie moed opgee nie.

Vergifnis

Markus 12:25: "Maar wanneer julle besig is om te bid, vergewe eers enigeen teenoor wie julle 'n grief het. Dan sal julle hemelse Vader ook julle oortredings vergewe."

Om te vergewe is nie altyd die maklikste ding om te doen nie; veral nie as jy diep seergemaak is deur wat aan jou gedoen is nie. Hoe vergewe jy iemand wat jou familie uitwis? Hoe vergewe jy iemand wat jou gemolesteer het? Hoe vergewe jy iemand wat jou verkul het? Weereens is die lys sonder einde.

Die groot stap van vergifnis is om te vergewe en te vergeet wat ander aan jou gedoen het. Baie keer hoor ons iemand sê: "Ek sal vergewe, maar dit nooit vergeet nie." Dit is nie werklik vergifnis nie. Vergifnis vergewe nie net nie, maar vergeet ook, sodat die gebeure nie weer soos ou koeie opgegrawe kan word om die ander weer die seer te laat herleef nie. Ons lees ook in Handelinge 8:60, waar hulle besig was om Stefanus te stenig, dat hy gebid het: "Here, moenie hierdie sonde teen hulle hou nie!"

Jesus het deur al die marteling en vernederings wat Hy moes verduur, in ons plek gegaan. Nie een keer het Hy gekla nie; nie een keer het Hy ons verwyt dat Hy in ons plek aan die kruis moes sterf sodat ons vir ewig kan lewe nie. Die kruisdood was die vernederendste dood wat 'n misdadiger kon sterf. Almal het gesien wie die misdadiger is - gestroop van sy klere met spykers deur sy hande en voete gekap. Oopgespalk vir almal om te sien.

Al was Jesus nie 'n misdadiger nie, het Hy vir ons daardie dood gesterf, en het Hy ons steeds lief en beloof Hy dat Hy ons weer sal kom haal - ons moet net aanhou glo. Wanneer 'n mens jouself in 'n situasie bevind waar jy op watter manier ook al seergemaak is of was, is vergifnis dikwels nie dadelik moontlik nie. Neem jou tyd om alles te verwerk en vat dit dag vir dag om stukkie vir stukkie te begin vergewe. Niemand kan vir jou 'n tyd voorskryf waarbinne jy moet herstel nie; elke mens is anders.

Gee jouself tyd en hou aan bid vir krag om te kan vergewe. Wanneer jy totaal kan vergewe, sal jy voel hoe 'n berg van jou skouers val. Jy sal weer lewenslus en hernude krag kry en jou gesondheid sal verbeter.So moet ons ook vergifnis vra vir dit wat ons aan ander gedoen het. Bid dat ander ons sal kan vergewe vir dinge wat ons gedoen of gesê het wat 'n impak op hul lewens gehad het. Daar is baie mense wat nog ly as gevolg van goed wat in hul kinderjare gebeur het.

Kinders is baie wreed omdat hulle nog nie van beter weet nie. Dit help nie om jou lewe lank te kerm en te kla oor dinge wat in jou skooljare gebeur het en hoe onderwysers of kinders jou verneder het nie. *Jy* is in beheer van jou lewe, niemand anders nie. Daar is 'n insident wat ek steeds baie goed kan onthou, waar 'n onderwyser my voor die klas verneder het. Die onderwyser het van dag een af nie veel ooghare vir my gehad nie. Ek was maar in standerd 3; 'n nuwe kind in die plattelandse skool. Ek weet tot vandag toe nog nie hoekom hy so teenoor my opgetree het nie.

Ek en my tweelingbroer het net een stel handboeke gekry, en soos broers maar is, het hy die klein tassie net vir sy kos en tuiswerkboeke gedra en ek moes die groot tas dra. Daardie tyd was dit sulke vierkantige kartontasse. Ek het laaste in die klas ingekom en die onderwyser het hom so vererg dat hy my tas uit my hand geslaan het. My tas se inhoud het die hele vloer vol gelê en ek moes elke ding voor die kinders optel, wat natuurlik gelê het van die lag. Ek het geweier om daaroor te huil en het net gaan sit.

Daardie tyd het ouers nie veel omgegee oor wat by die skool gebeur het nie, en het ek dit maar vir myself gehou en aangegaan. Ek kan selfs nog die onderwyser se van onthou. Ek het my voorgeneem dat indien daar ooit 'n man op my pad sou kom met dieselfde van, ek nooit met hom sou uitgaan of enigiets met hom te doen sal hê nie. Dit het veroorsaak dat ek iemand met so van, wat op 'n tyd onder my gewerk het, onbewustelik een kant toe geskuif het. Dit was nie reg nie, want sy was eintlik 'n pragtige mens. Die situasie het baie jare by my gespook, tot ek op 'n dag besef het dat dit nie die moeite werd is om sy optrede en vernedering vir die res van my lewe by my te laat spook nie. Ek het hom daar en dan vergewe.

Ek dink nie eens hy kan onthou met wie hy almal lelik was nie, maar ek het hom vrygespreek, en die les wat dit my geleer het, is om almal met respek te behandel; maak nie saak wie en wat jy is nie, elke mens is uniek en niemand mag sonder respek en menswaardigheid behandel word nie. Styg uit bo jou omstandighede en bid vir krag en leiding om dit wat in jou verlede gebeur het, te verwerk en te kan vergewe.

Naasteliefde

Lees die verhaal van die barmhartige
Samaritaan in Lukas 10:30-37.

Matteus 5:48: "Wees julle dan volkome in
julle liefde, soos julle hemelse Vader volkome
in sy liefde is. Hy het mos alle mense lief."

Jesus leer ons in die Bybel dat ons nie net ons eie mense moet liefhê nie, maar ook ons vyande. Weet ons almal nie maar hoe moeilik dit is om iemand wat jou te na gekom het, lief te hê nie? Vra jy nie ook hoekom moet jy jou verneder en vrede maak met iemand wat jou te na gekom het nie? Jy is mos nie die skuldige een nie. Ons kry daagliks te doen met mense van verskillende rasse en kulture.

Ons hoor elke dag van apartheid en die onderdrukking in die apartheidsjare. Wanneer gaan ons as een nasie saamstaan en vergeet van die verlede? Albei kante het as gevolg van apartheid swaargekry. Solank ons aanhou om in die verlede te leef, sal ons nie vorentoe kan beweeg nie. Ons moet ons volkome oorgee aan liefde vir ons medemens. Die liefde oorbrug alle grense en ons kan saam aan 'n toekoms bou waarin ons mekaar 'n plekkie in die son gun.

Verandering begin by jouself, nié by iemand anders nie. Doen gereeld eerlike selfondersoek sodat jy kan sien waar jy fouteer en voor jy ander vir jou optredes blameer. Naaste-liefde strek baie wyd; raak betrokke waar jy sien daar is nood of hulp nodig. Dit kos niks om jou hulp aan te bied nie; as elkeen van ons bietjie van onself gee, kan ons 'n groot verskil maak.

Daar is 'n verhaal van 'n Chinese meisie wat nie met haar skoonmoeder oor die weg kon kom nie. Dit het vir jare so aangegaan. In 'n stadium het die meisie iemand gaan sien om vir haar iets te gee om van haar skoonmoeder ontslae te raak. Wat sy nie geweet het nie, is dat dit 'n wyse ou man was wat gereeld met die bose gedagtes van mense gewerk het om hulle van voornemens te laat verander. Hy het vir die meisie gesê om eerstens vir haar skoonma haar gunsteling ete voor te berei en haar te nooi om saam met haar te eet. Die meisie mag geen aanmerking gemaak het oor wat haar skoonma ook al sou sê nie, maar haar net met 'n glimlag bedien. Daarna moet die meisie terugkom, dan sou hy haar sê wat om verder te doen sodat sy van die nare skoonma kon ontslae raak.

Die meisie het gedoen wat die ou man vir haar gesê het en teruggegaan. So het die ou man elke keer vir haar 'n nuwe taak gegee om te doen. Met haar laaste besoek aan die ou man het hy gesê dat hy vir haar 'n middel gaan gee wat sy vir haar skoonma kon ingee sodat sy kon sterf. Die meisie het met skok gereageer en vir die ou man gesê dat sy vir haar skoonma lief geword het en nie meer sonder haar wou wees nie; dat sy hom net kom bedank het vir alles wat hy gedoen het om hulle vir mekaar aanvaarbaar te maak.

Ons is net so; wil iemand eerder uit ons lewens hê as om betrokke te raak. Hoe meer 'n mens die goeie in 'n ander raaksien, hoe meer begin die dinge waarvan ons nie hou nie outomaties kwyn. Baie sal wil weet wat goed is aan 'n sekere persoon. Maar elke mens het iets goed in hom of haar; soek net 'n bietjie dieper en jy sal dit raaksien. Fokus op die goeie wat jy kan raaksien en jy sal later net meer goeie dinge in die persoon raak sien. Wees net altyd eerlik met jouself en bid dat die Here jou die krag en sterkte sal gee om eerlik na jouself te kyk, en dat Hy jou oë sal oopmaak om die goeie in ander te sien. Die Here sê in sy Woord dat ons ons naaste moet liefhê soos onsself. Jy sal immers nie iets aan jouself doen wat jou kan afbreek en vernietig nie?

Verraad

*Spreuke 20:6: "Baie mense sal voorgee dat
hulle lojale vriende is, maar waar is daar
iemand wat regtig betroubaar is?"*

Gedurende 'n mens se lewe ontmoet 'n mens baie verskillende mense. Met party sluit jy vriendskappe wat jare hou, met ander kort vriendskappe wat vinnig blom en verlep; maar elke liewe een laat altyd iets in jou agter, hetsy goed of sleg. Wanneer 'n mens 'n ander persoon as jou beste vriend of vriendin vertrou, stel jy jouself bloot aan baie dinge. Jou vertroue is groot en jy gesels oor en bespreek jou diepste wese met die persoon; jy glo dat die vriendskap jare sal hou en dat die persoon jou altyd sal bystaan en nooit sal teleurstel of die vriendskap sal breek nie.

Wanneer so 'n vriendskap of verhouding dan tot 'n einde kom, beleef jy diepe verraad en intense seer. Daar is skielik 'n leemte in jou en jy bou 'n weerstand en weersin teen die persoon op. Dawid het eens so gevoel en beskryf dit in Psalm 55:21-22: "My metgesel het teen sy vriende gedraai, hy het sy ooreenkoms verbreek. Sy woord is so glad soos botter, maar sy hart is soos 'n blote swaard." Die laaste woorde beskryf hoe diep so 'n teleurstelling deur 'n mens kan sny.

Jesus self is deur twee van sy eie dissipels verraai. Judas is deur Jesus self uitgekies om een van sy dissipels te wees. Wat 'n wonderlike voorreg om elke dag saam met Jesus te leef en deel te wees van die ervarings waar Jesus wonderwerke verrig en genesing bring. 'n Spesiaal uitgekose mens wat op die ou end sy rug op Jesus draai en Hom vir 30 sikkels silwer verraai.

Jesus het geweet dat Judas hom gaan uitlewer en het aan tafel, terwyl hulle besig was om te eet, gesê: "Ek sê nou vir julle, een van julle gaan my uitlewer, een van julle wat nog saam met my eet" (Markus 14:17). Jesus het al die dissipels ontkant betrap met sy woorde en hulle wou geskok weet wie dit sou wees. Jesus het net geantwoord: "Hy is een van julle twaalf, een wat saam met my sy brood in die skottel week." Jesus het ook weer bevestig dat Hy inderdaad moet sterf soos daar van Hom geskryf staan, maar dat dit bitter swaar sou gaan met die man wat Hom sou uitlewer. Jesus sê in Markus 14:20: "Hy moes liewer nooit gebore gewees het nie!"

Hoe teleurgesteld moes Jesus nie in hierdie persoon gewees het nie. Die dissipels moes net so teleurgesteld gewees het in Judas wat 'n vriend was en elke dag saam met hulle deurgebring het, en dan omdraai om hul Meester uit te lewer om gekruisig te word. Judas se skuldgevoel nadat hy Jesus oorgelewer het met 'n soen, het tot sy selfmoord gelei.

Petrus was die ander dissipel wat Jesus sou verraai omdat hy te bang was om ook soos Jesus gekruisig te word. Petrus, die rots, gaan voor die aanslag van Satan swig. Jesus sê vir Petrus in Lukas 22:31 dat Satan ernstig planne het om die dissipels soos koring te kan sif, maar dat Hy vir Petrus gebid het dat sy geloof hom nie sal begewe nie. Jesus sê ook in dieselfde vers dat Petrus, nadat hy Jesus verraai het, weer tot inkeer kom en sy medegelowiges moet gaan ondersteun. Petrus het Jesus egter verseker dat Hy deur alles by Jesus sal staan (Lukas 22:33). Jesus deel hom egter mee dat hy, nog voor die haan die aand sou kraai, drie keer sal ontken dat hy Hom geken het. In Lukas 23:56-60 word Petrus uitgewys as een van die dissipels, maar elke keer ontken hy dat hy Jesus geken het. Wanneer die haan dan kraai, draai Jesus om na Petrus en kyk hom stip aan. Op daardie oomblik onthou Petrus Jesus se woorde aan hom (Lukas 23:61). Petrus het na buite gegaan en onbedaarlik gehuil. Hoe teleurgesteld moes Petrus nie in homself gewees het nie.

Jesus het egter na sy opstanding weer aan die dissipels verskyn met die spesifieke boodskap aan Petrus dat Hy hom vergewe het en dat Petrus 'n opdrag het om uit te voer. Jesus vra Petrus drie keer of hy Hom meer as die ander (dissipels) liefhet. Petrus verseker Hom drie keer dat hy Hom liefhet. Jesus het na elke keer vir Petrus 'n opdrag gegee dat hy sy lammers moet versorg en 'n herder en versorger vir sy skape moet wees (Johannes 21:15-17). Drie keer het Petrus Jesus verloën en drie keer het hy 'n opdrag gekry om vir Jesus te werk.

So kom daar op elkeen van ons se lewenspad iemand wat ons sal verraai of hul rûe op ons sal draai. Hoe jy optree na hierdie verraad is wat baie belangrik is. Wanneer jy te na gekom word, al voel jy dat jy daardie persoon wil terugkry, moenie kwaad met kwaad vergeld nie. Dit is nie die moeite werd nie. Jy sal net meer haat in jouself opbou en 'n lelike mens raak, terwyl daardie persoon waarskynlik met sy of haar lewe sal aangaan en niks vir jou sal voel nie. Vergewe die persoon soos ons in die Onse Vader bid: dat die Here ons ons sondes sal vergewe, net soos ons ook ons skuldenaars vergewe. As jy weet jy het iemand te na gekom of verraai, gaan maak reg waar jy kan. As jy nie in staat is om self te gaan regmaak nie, bel die persoon of skryf 'n brief, maar sorteer dit uit. Die lewe is te kort om tyd te mors op en te ly as gevolg van onenighede. Jy sal baie meer kan bereik met die tyd waarin jy wrokke koester. Leer by Jesus hoe om verraad te hanteer en bid vir krag en leiding sodat jy verlos kan word van die houvas wat haat op jou het. Hou vas aan Jesus sodat Satan jou nie deur jou eie haat verslind nie.

Hoogmoed

2 Korintiërs 10:17: "As jy jou wil beroem, moet jy jou op die Here beroem. Die eintlike toets lê nie daarin of 'n mens jouself aanbeveel nie, maar of die Here jou aanbeveel."

Jakobus 4:1: "Waar kom die rusies en gevegte onder julle vandaan? Is dit nie julle sondige drange wat julle ledemate soos soldate gebruik om te veg nie?"

O ns begeer almal een of ander tyd iets in die lewe. Baie mense sal tot die uiterstes gaan om dit te kry, maak nie saak wie hulle te na kom of vertrap nie. Wanneer mense in hoër posisies aangestel word, ag hulle hulself dikwels beter as hul kollegas wat altyd daar was vir hulle toe hulle nog een span was. Dan is daar mense wat nie kan lewe as hulle nie aansien geniet nie. Hulle meng nie met mense wat minder as hulle het of nie die status beklee wat hulle self beklee nie. Wanneer 'n mens so hoog lewe en tot 'n val kom, is die mense wat in jou kringe be-weeg het, gewoonlik die eerstes wat jou verwerp en op jou neersien. Wees elke dag dieselfde mens en wees nederig, want dit is wat die Here van ons verwag.

In Matteus 6 leer die Here ons hoe om mense in nood te help. Wanneer jy iemand in nood help, moenie dit aan die hele wêreld uitbasuin sodat jy die eer en aansien van mense beleef nie, maar laat God toe om jou te verhoog. Dink na oor hoe die persoon vir wie jy gehelp het, moet voel as hy of sy by almal moet hoor hoe jy hom of haar tot hulp gekom het? Is dit nie om die persoon skuldig te laat voel en te verneder nie?

Jesus is na die wêreld gestuur om tussen ons te kom lewe. Hy is die Seun van God, die Skepper van die heelal. Alles behoort aan Hom. Jesus was nederig en het nie rondgeloop en vertel: "Ek is die Seun van God en ek kan dit en dat doen nie". Nee, Jesus het ons kom leer van hoe lief God ons werklik het en dat Hy nie een van ons verlore wil sien gaan nie. Jesus het ook sy erfenis met ons kom deel; Hy hou dit nie vir Homself nie. Hy is tot verneder om vir ons sondes te sterf; die Kind van ons Hemelse Vader en Koning van die heelal. Dink julle dat die Skrif sommer net sê: "God wil die lewe wat Hy ons gee, net vir Homself hê" (Jakobus 4:5)?

Die Skrif maak dit vir ons duidelik dat God teen mense is wat te veel van hulleself dink, maar aan die wat besef hoe afhanklik hulle van Hom is, gee Hy sy onverdiende goedheid (Jakobus 4:6).

Laat staan dus jou hoogmoed en wys God hoe afhanklik jy van Hom is. Bid elke dag en dien Hom, en die duiwel sal van jou af wegvlug en jy sal hom kan weerstaan (Jakobus 4:7).

Sondelas

1 Johannes 1:8-9: "As ons beweer dat ons nie sonde het nie, mislei ons onsself en leef ons nie volgens die waarheid nie. As ons egter ons sondes bely - Hy is betroubaar en regverdig om ons sondes te vergewe en ons skoon te maak van alle verkeerde optrede."

Romeine 3: 22: "God spreek ons vry wanneer ons op Jesus vertrou om ons sondes weg te neem Ons kan almal hierdie vryspraak ontvang, maak nie saak wie ons is of wat ons gedoen het nie."

'N Klein dogtertjie huil iewers in 'n winkel. Dit is die gehuil van 'n kind wat weet nou het ek te ver gegaan en gaan ek pak kry. Terwyl ek deur die winkel stap kom 'n pa met 'n dogtertjie van ongeveer vier jaar in sy arms uitgestap. Die trane loop oor die dogtertjie se wangetjies en sy probeer al klaar met haar pa deur die trane onderhandel. Ek kon aan die pa se gesig sien hy is omgekrap en het nou genoeg gehad.

Die dogtertjie se gesiggie bly in my gedagtes en ek stuur 'n skietgebedjie vir haar op dat haar pappa haar nie sal pak gee nie, maar net met haar sal raas. Hoeveel keer hou ons ook net aan en aan met sonde doen. Ons weet dit is nie reg nie, maar ons probeer elke keer kyk hoe ver ons kan gaan voor ons gestraf word. Hoeveel keer het ekself nie al op my knieë in trane voor God gegaan en my sondes bely nie. Oor en oor sal ons dieselfde sondes bely. Wat 'n wonderlike God het ons nie om ons elke keer daardie sondes te vergewe en ons elke keer opnuut te red en teen gevaar te beskerm. God het so baie geduld met ons en ek dank Hom vele kere vir sy oneindig geduld met my. So moet ons ook geduldig met mekaar wees, en die een die ander se oortredings en sondes vergewe. So dra ons God se beeld uit na buite.

Elke mens het een of ander geraamte in die kas wat jou net nie wil los nie. Sodra dit lyk of jou lewe weer aan die gang kom, dan sluit die duiwel die kasdeur oop. Hoe nader jy aan die Here beweeg, hoe sterker val die duiwel jou aan. Wanneer die dinge van jou verlede dan weer opduik, raak jy onseker of twyfel jy of jou sondes regtig vergewe is. Die duiwel probeer met alle mag om ons te laat glo dat ons nie goed genoeg is vir die Here se koninkryk nie, maar dit is 'n infame leuen. Jesus het lankal reeds finaal vir ons sondes gesterf en ons moet net glo en vertrou dat ons sondes vergewe is, dit daar laat en ons rug daarop draai. Wanneer ons tot bekering kom, sterf die ou mens met sy sondige natuur en staan ons as nuwe skepsels op in Jesus.

Baie keer doen ons oor en oor dieselfde dinge wat ons nie wil doen nie. Paulus, wat een van die groot apostels was, sê self in Romeine 7:15: "Ek verstaan my eie doen en late glad nie. Wat ek graag wil doen, laat ek na, maar wat ek verafsku, juis dit doen ek." Voel ons almal nie maar van tyd tot tyd so nie? Dit is net menslik, maar ons moet aanhou bid dat die Here ons die krag sal gee om dit wat ons laat struikel, te oorwin.

Ons bid tot die Here om ons sondes te vergewe en bely dit wat ons kan onthou of van weet voor die Here. Baie keer doen ons sonde sonder dat ons besef dit is sonde, of vergeet van sondes wat ons gepleeg het. In Psalm 19 lees ons hoe Dawid tot God gebid het om hom die sondes wat verborge is, te vergewe: "Spreek my vry oor verborge sondes, en bewaar my van opsetlike sondes! Laat hulle nie oor my heers nie, dan sal ek vry wees van skuld en onskuldig aan groot oortredings."

Psalms is vir my een van die wonderlikste boeke in die Bybel om te lees. Dawid was so lief vir die Here en het alles wat moontlik in sy lewe kon gebeur, of dank en lof wat hy aan die Here wou bring, in gedigte aan die Here opgedra. Dit wys ons op die verhouding wat hy met die Here gehad het en die vrymoedigheid om sy gevoelens aan die Here bloot te lê. Ons moet dieselfde verhouding met die Here hê en met vrymoedigheid na Hom toe gaan met alles wat ons pla. Ons moet ook altyd die Here dank en loof vir dit wat Hy vir ons doen. As ons glo dat Jesus vir ons sondes gesterf het en weer uit die dood opgestaan het, glo ons en erken ons dat Jesus Christus werklik ten volle mens geword het om vir ons sondes te kon sterf. Jesus het as 'n nederige mens gekom en nie as 'n ryk koningskind nie, om soos ons te wees. Alhoewel Hy die Seun van God is, was Hy bereid om tussen ons te kom lewe en God aan ons te openbaar. Bekeer jou vandag nog en aanvaar God as jou Saligmaker, en jou sondelas sal van jou afval en voor die kruis beland, sodat jy as 'n vry mens kan wegstap. Laat jou lig so skyn dat elkeen dit kan sien. Job 5:19: "Hy sal jou keer op keer red sodat kwaad jou nie tref nie," en Openbaring 4:19: "Kyk, Ek staan by die deur en Ek klop. As jy my stem herken en die deur oopmaak, sal ek na jou toe ingaan en ons sal die feeste saam geniet."

Wanneer iemand die deurklokkie lui, kyk jy tog eers deur die loergatjie wie daar is voor jy oopmaak. Dan kan jy besluit of jy die persoon wil innooi of die geklop wil ignoreer. So klop die Here ook aan jou hart se deur. Hoeveel keer het jy al die deur oopgemaak en hoeveel keer het jy geweier om die deur oop te maak?

Gewapende roof

Psalm 34:8: "Want die Engel van die
Here hou wag oor almal wat Hom dien,
en Hy red hulle." Lees ook Psalm 91.

'N Gesin of iemand wat al deur 'n gewapende roof ge-
raak is, sal weet watter angs en benoudheid 'n mens
op daardie oomblik beleef. Die hartseer oor die verlies
as so iemand met sy of haar lewe moes boet vir iemand
anders se gierigheid is iets wat mens nie in woorde kan
beskryf nie.

My kinders is die grootste geskenk wat die Here nog vir
my gegee het. Ek het hulle my lewe lank nog altyd probeer
beskerm teen alle gevaar en baie gebid. Ek het my kinders
van kleintyd af geleer om hul Bybels by Psalm 91 oop te
hou, net soos ek ook elke dag my Bybel oophou by die
Psalm vir beskerming. Op 26 Februarie 2006 was ons
gesin slagoffers van 'n gewapende roof. Ons elektroniese
hek was geskuif en die reling waarop dit loop was nog
nie reg sodat die hek teruggesit kon word nie. Net vir een

aand sou ons sonder 'n hek moes slaap. Nadat ons die Sondagaand van die aanddiens teruggekom het en besig was om iets te ete voor te berei, het ons 'n gil gehoor. Ek het gedink dit was die kinders in die boonste vertrek. Ek het toe van die onderste vloer af vir my oorlede dogter gevra wat skree hulle so. Sy het geantwoord dat dit nie hulle was nie. Met die slag wat sy terugdraai en deur die venster kyk, sê sy dat daar twee swart mans met wapens op ons erf is. Die ander een van die drie was intussen besig om my oudste dogter en haar vriend (nou my skoonseun) in haar woonstel op ons erf aan te hou. Skokgolwe skiet deur jou lyf en as 'n ouer voel jy totaal magteloos as jy in die huis is en besef jou kind buite verkeer in gevaar. 'n Gevoel van magteloosheid oorrompel jou.

Wat doen 'n mens? Hoe kom jy by hulle uit sonder dat hulle geskiet word as die aanvallers bedreig word? Tree jy op dan skiet hulle. Ons het dadelik die polisie gebel en my man het 'n kans gevat en deur die eetkamervenster na hulle geroep en gesê dat die polisie op pad is. Ons weet nie of dit hulle afgeskrik het nie. Ons het net aanhou bid en gehoop dat die kinders bewaar sal word, terwyl ons ook aanhou probeer het om met my dogter-hulle te kommunikeer. My man het 'n kar hoor luier, en my dogter het laat weet hulle is in die badkamer toegesluit. Die aanvallers het nie geweet hoe om die kar te bestuur nie en met van haar besittings gevlug. Intussen het ek besef dat my seun op pad huis toe is. Ek het hom gebel om te sê dat daar rowers in ons erf is en dat hy nie naby moet kom nie. Hy het van sy vriende bymekaar gekry en hulle het met hul karre die erf verlig.

Ons gesin het nog baie maande daarna in vrees gelewe; dit bly 'n mens onwillekeurig by. Daardie aand het ek weereens besef dat ons lewens net in die hande van die Here is, wat genadiglik my kinders beskerm het en hulle niks laat oorkom het nie. My skoonseun het nog baie lank nagmerries gekry, want hy moes met sy kop op die bed lê en kon nog lank daarna die geklik van die geweer hoor. Daardie aand was die engel van die Here met hulle, want dinge kon so anders verloop het.

Ek het die dag met hul troue nie 'n traan gestort nie, maar kon nie ophou lag om hulle voor die kansel te sien staan nie. Ek het ook heeltyd die Here gedank dat Hy hulle beskerm het om op daardie dag voor Hom te kon staan en trou aan mekaar te beloof.

Johannes 10:1-15 sê dat as die Here se skape die stem van hulle Herder hoor, hulle na Hom luister en na Hom sal kom, maar dat die wat van die anderkant af oorklim 'n dief en 'n rower is.

Dankbaarheid en God se goedheid

1 Tessalonisense 5:17-18: "Wees in alle omstandighede dankbaar, want dit is wat God van julle as Christene verwag."

Daar is niks so mooi soos die natuurskoon nie. As 'n mens vroeg in die oggend werk toe ry, is daar die mooiste landskappe om ons. 'n Mens is so geneig om van punt A na punt B te jaag dat ons die mooiste skilderye nie raaksien nie. Geen mens kon nog sulke landskappe skilder soos wat die Here elke dag vir ons beskikbaar stel nie.

Leef in dankbaarheid vir alles wat die Here voorsien. Kyk na iets soos wat 'n klein kindjie met die eerste ontdekking daarvan sal kyk. In die oggend as die son sy strale deur die wolke gooi en die wêreld verlig, dank God vir nog 'n dag wat Hy skenk. Dank God ook vir die sonnestelsel wat Hy so getrou onderhou en vir die maanskyn in die nag.

Die Here wil ook hoor dat ons dankbaar is vir wat Hy vir ons doen en gee. Ons as mense is so geneig om alles as vanselfsprekend te aanvaar. Dan, op 'n dag as jy stilstaan en om jou kyk, besef jy hoe wonderlik die Here die skepping gemaak het en waar jy vandag in die lewe is, net genade en seën is. Loof en prys Hom vir alles in jou lewe en deel dit met ander. Al klink dit of die mense om jou al moeg word vir jou praatjies, hou net aan - een of ander tyd sal hulle ook die goedheid van die Here in hul lewens sien.

Elke keer as ek na gebede luister van ander was dit my wens om ook so te kon bid. Ek kan nie voor mense hardop bid nie, maar net sag in my hart. Ek het gevoel of my gebede nie so kragtig is nie tot ek 'n boek van Joyce Meyers *Gebed sê Alles* gelees het. Daarin noem sy van die verskillende gebede wat ons tot God kan bid en jy is uniek en God luister na elke gebed hoe sag, klein of hard dit ook mag wees. Dit wys ons weereens watter wonderlike God ons het en dat sy goedheid ken geen einde nie.

Hoe nader ek aan God beweeg het, hoe meer gemakliker het ek gevoel om oor Hom te praat en te getuig. Deesdae borrel dit net uit en is dit so maklik om oor Sy goedheid te kan getuig.

Volhard in geloof

Efesiërs 4:13: "So sal ons uiteindelik almal deur geloof en deurdat ons die Seun van God ken, 'n eenheid vorm, 'n volmaakte mens, wat aan die standaard van Christus se volmaaktheid voldoen."

Hebreërs 11:1: "Wat is geloof dan? Dit is 'n vaste versekering dat die dinge waarna ons uitsien, inderdaad sal gebeur. Dit is die bewys dat God die dinge wat ons nog nie kan sien nie, waar sal maak."

Wanneer 'n ouer aan 'n klein kindjie belowe om iets te doen of iets te koop, sien daardie klein mensie so uit daarna en kan selfs nie eers slaap nie, want hulle weet hul mamma of pappa sal dit vir hulle doen. Kinderlike geloof is so vol vertroue. Ons lees ook in die Bybel dat die Here sê ons moet weer soos kindertjies word. Ons moet onvoorwaardelik in die Here glo, want oral in die Bybel lees ons dat God sê Hy gaan iets doen en dan doen Hy dit. Hy het nog nooit op sy woord teruggegaan nie.

Die Here het baie beloftes in die Bybel vir elkeen van ons; ons moet dit net lees en glo, en vertrou dat die Here sy beloftes aan ons sal nakom. In die Nuwe Testament lees ons op verskeie plekke dat Jesus vir ons sê dat Hy weggaan, maar weer na ons toe sal terugkom, want Hy het net vir ons plek in die hemel gaan berei. Wat jy ook al van die Here vra, sal Hy aan jou voorsien as dit in lyn is met sy doel vir jou op aarde. As jy iets uit selfsug vra of doen, sal jy dit nie kry nie. Die Here weet wat jy nodig het en sal in jou behoeftes voorsien.

Ons het God lief al het ons Hom nog nooit gesien nie, en ons vertrou op Hom en kan die wonderlike blydskap wat ons voel, nie eintlik in woorde stel nie (eie woorde) (1 Petrus 1:8).

Daar is niemand in die hele heelal wat jy met soveel oorgawe kan vertrou as vir God nie, want Hy is altyd daar - gister, vandag, en vir altyd.

Skinder

Spreuke 11:13: "'n Geskinder lap geheime uit; betroubare mense bewaar geheime,"
en Jakobus 4:11: "Moenie lelike goed van mekaar sê nie, liewe broers en susters."

Hoe baie val ons nie in die strik om te skinder nie. Ons sal byvoorbeeld sê ek het dit en dat gehoor, of die en daai het dit en dat gedoen. Baie keer hoor ons iemand sê: "Ek wil nou nie skinder nie, maar so en so het dit of dat gedoen." Daar is mense wat op skinderstories leef; hulle bestee die meeste van hul tyd elke dag om net te kan hoor wat daar op die dag se skinderspyskaart is. In Spreuke 18:8 lees ons: "Skinderstories is so soet soos lekkers. Jy sluk dit maklik tot diep in jou gemoed."

Ons is almal skuldig aan skinder, in watter vorm ook al. Partykeer praat ons oor iets en besef nie dat ons eintlik oor iemand skinder nie. Hoeveel keer het jy al seergemaak gevoel oor iemand van jou geskinder het? Skinderstories kry altyd 'n stertjie by en word die storie so uit verband geruk dat dit net nog baie meer skade aanrig. (Spreuke 10:18: "Hy wat skinderstories versprei, is 'n dwaas," en Spreuke 26:22: "Na skinderstories luister mense graag, maar dit word maklik deel van jou lewe.")

My pa het altyd gesê 'n skinderstorie is soos om 'n sak vere van 'n hoë gebou af te gooi: Dit waai die hele plek vol. Wanneer jy daardie vere weer wil optel, kry jy nie almal bymekaar nie. Net so kan jy 'n skinderstorie nie omdraai of regstel nie. Pasop wat jy van ander sê of wat jy vertel. Ek self het al baie duur lesse geleer deur dinge wat ek gesê het wat ek nie as skinder beskou het nie, maar net as 'n uitlaatklep om my gevoelens oor 'n aangeleentheid te lug. Dit was in effek skinder, al het ek gevoel dit was net iets wat ek van my hart af moes kry. Daardeur het ek mense al seergemaak en so ook hulle vertroue in my verloor.

In Jakobus 4:11 lees ons verder: "As julle lelike dinge van 'n medegelowige sê of 'n medegelowige kritiseer dan sê julle eintlik lelike dinge van die wet van God en kritiseer julle die wet. Julle is tog nie regters wat kan besluit of die wet reg of verkeerd is nie. Julle taak is om te doen wat die wet voorskryf, nie om daaroor te oordeel nie." Dit sê in soveel woorde vir ons: Wie is ons om oor 'n ander te oordeel? Daar is 'n gesegde dat jy nie iemand anders kan oordeel as jy nog nie in hul skoene gestap het nie, en dit is so waar.

Die Heilige Gees ons vertrooster

Efesiërs 1:14: "Die Heilige Gees is 'n deposito wat ons volle erfenis waarborg totdat almal wat aan God behoort, volkome verlos sal wees. Daarom moet ons God se grootheid prys."

As jongmens het ek geleer van die Drie-eenheid: God die Vader, God die Seun en God die Heilige Gees. Ons almal het geleer van God wat die skepping gemaak het, Jesus wat vir ons sondes gesterf het, en die Heilige Gees wat oor die wêreld uitgestort is. Ek het altyd gewonder wanneer die Heilige Gees ook oor my uitgestort sou word.

Later in my lewe het ek besef dat elkeen wat die Here se naam aanroep, het reeds die Heilige Gees oor hulle, want niemand kan van God weet as die Heilige Gees nie in hom of haar is nie. Die Heilige Gees bemoedig, vertroos en leer ons hoe om ons lewens te lei soos Jesus dit vir ons op aarde verkondig het.

Die tyd toe Jesus op aarde was, het almal die Woord gehoor soos en waar Hy dit verkondig het, maar na Jesus se kruisdood is die Heilige Gees oor die hele wêreld uitgestort sodat mense oral tot bekering kan kom en die Heilige Gees in hulle kan werk.

Hoe wonderlik is dit nie dat die Here nadat Hy na die hemel opgevaar het, die Heilige Gees uitgestort het om met ons te wees tot aan die voleinding van die wêreld, wanneer Hy weer sal kom om ons te kom haal en ons sal vir altyd by Hom wees, soos Hy elkeen van sy kinders verseker het.

Die Heilige Gees is ook vir ons 'n Raadgewer om ons in alle opsigte te onderrig en ons aan alles wat Jesus hier op die aarde vir ons gesê het, te herinner (Johannes 15:26).

Afhanklikheid en genade van God

Jakobus 4:13-15: "Kom nou julle wat sê: 'Vandag of more sal ons na die en die stad toe gaan en 'n jaar lank daar bly, ons sal sake doen en wins maak.' Julle weet nie eers wat die lewe more vir julle inhou nie! Julle is soos die oggendmis, dis vir 'n rukkie sigbaar, en dan is dit weer weg. Julle moet eerder sê: 'As die Here dit so beskik, sal ons lewe en sal ons dit of dat doen.'"

Daar is mense wat altyd in beheer van situasies wil wees. As hulle nie beheer kan neem nie dan voel hulle dat hulle gefaal het. In my geval was dit ook so. Ek wou altyd beheer oor situasies hê anders het ek gevoel ek is nie goed genoeg nie of 'n mislukking. Ek het dit eers laat in my lewe besef. Wanneer jy deur 'n ernstige siekte soos kanker gaan en met chemo behandel word, kom daar 'n tyd wanneer dit voel of jou lewe net inmekaar tuimel en jy het geen beheer daaroor nie. In 'n stadium het ek so magteloos gevoel en was ek heeltyd in trane. Ek wou sommer die chemo opgee en weer beheer oor my lewe neem. Dit is nie in 'n mens se hande om te besluit wat die lewe vir jou inhou nie. God alleen lê jou lewenspad vir jou uit en Hy is in beheer van alles. Maak nie saak wat ons beplan nie, Hy weet wat die einde moet wees nog voor ons dit beplan het. Spreuke 16:9: "'n Mens beplan sy koers, maar die Here bepaal sy bestemming."

Job het nadat hy ook met siekte getref is, op die ashoop gesit, maar nog steeds in die Here bly glo. Hy het vir sy vriende gesê die Here tref ons, maar sy hande genees ook weer. Hy sal jou keer op keer red sodat kwaad jou nie tref nie (Job 5:18-19). Wanneer dinge skeefloop, of jy platgeslaan voel, moenie moed opgee nie. Solank jy glo en vertrou, sal alles ten goede uitwerk. Een of ander tyd moet dit ophou. Hou net aan glo dat daar 'n uitkoms sal wees en moenie dat die duiwel jou oortuig dat alles verlore is en dat God nie jou gebede beantwoord nie. Die Here sal jou weer uit jou omstandighede lig.

Bid gereeld vir wysheid en krag om situasies te hanteer. Die Here luister en het meegevoel met ons; Hy sal altyd 'n uitkoms gee. Vertrou op die Here met alles wat jy het. Moenie op jou eie insigte staatmaak nie. Vra na die wil van God in alles wat jy doen. Hy sal jou die regte pad aanwys (Spreuke 3:5-6).

Eksodus 34:6: "Ek is die Here. Ek is 'n God wat barmhartig en genadig is. Ek het geduld met mense. Ek is lojaal. Ek bly getrou."

Job 37:23: "Ons kan ons nie voorstel hoe magtig God is nie. Tog is Hy so regverdig en vol genade dat Hy ons nie verdruk nie."

Is dit nie wonderlik verse nie? God wat Homself aan ons bekend stel. Hy wat ons nooit alleen los nie. Hy het baie geduld met ons, al is ons ongeduldig met Hom as ons nie dadelik kry wat ons wil hê nie. Hy is getrou selfs wanneer ons afdwaal en ander dinge bo Hom stel. Wanneer dit ons pas en ons terughardloop, is God genadig om ons dit te vergewe en ons weer in sy arms te neem en te versorg. Hy is altyd getrou, terwyl ons maar vinnig is om ons rug op Hom te draai.

God is só groot dat ons Hom nooit met ons menslike denke sal kan begryp nie, en tog is God so lief vir ons dat Hy sy enigste Seun gestuur het om vir ons sondes te sterf. God is ook 'n regverdige God en is ons so genadig.

God het nie witbroodjies nie - almal is gelyk in sy oë. Soms voel ek soos God se witbroodjie met al die seëninge en genade waarmee Hy my bederf. God sal ons nooit minderwaardig laat voel nie, want Hy het net die beste vir ons lewens in gedagte.

Om te gee is beter as om te ontvang

Psalm 41:2: "Geseënd is die mens wat omgee vir die armes," en Spreuke 11:24: "Mense wat graag uitdeel ontvang altyd meer."

Om te gee veroorsaak 'n chemiese reaksie in die brein. Jy voel outomaties goed as jy vir iemand anders iets gegee of gedoen het. Wanneer jy in ander se behoeftes voorsien, word daar altyd in jou eie voorsien.

Na my dogter se dood was dit vir my baie moeilik om van haar besittings ontslae te raak. Ek wou dit vir altyd hou - asof sy sou terugkom. Sy was 'n gee-mens. Ek onthou nog duidelik hoe sy 'n paar weke voor haar dood vir my gesê het sy moet 'n testament opstel. Ek het laggend vir haar gesê sy is nog te jonk om haar daaroor te bekommer. Sy het in elk geval vir my instruksies gegee oor wat van haar goed moet word as sy iets sou oorkom. Dit laat 'n mens wonder of dit waar is dat mense 'n voorgevoel kry dat hulle alles moet regkry?

Baie maande na haar dood het ek die moed bymekaar geskraap en saam my ander dogter en skoondogter haar klere in sakke gepak. Sy was baie lief vir mooi aantrek en het baie klere gehad. Die klere was, volgens haar instruksies, vir die kinderhuis bedoel. Die dag toe ek dit daar aflaai, was dit vir my baie moeilik, maar toe ek wegry het ek gevoel dat ek haar wens vervul het. Die vreugde wat die kinders uit die klere sou kry, is meer as wat 'n mens ooit kan dink.

Dit laat 'n mens weereens besef om nie aan aardse goed vas te klou nie; gee dit vir iemand wat dit kan gebruik en hou die goeie herinneringe in jou hart, waar dit nooit kan wegraak nie.

In die Bybel lees ons hoe die Here se klere ook na sy kruisiging onder die mense verdeel is. Die Bybel sê ook vir ons dat ons nie vir ons skatte op aarde bymekaar moet maak nie, maar maak eerder in die Hemel. Tog bly ons opgaar en weet nie wie dit eendag sal kry of wat daarvan sal word nie.

Paulus se gebed

Ek sluit hierdie boek af met die
volgende gebed van Paulus:

PAULUS SE GEBED VIR DIE EFESIËRS

(Efesiërs 3:14-19)

Daarom kniel ek voor die Vader
Hy is die Vader van elke gemeenskap
In die hemel en op die aarde.
Mag Hy deur sy Gees uit rykdom van sy
Goddelike grootheid aan julle die krag gee
Om innerlik sterk te word.
Dan sal Christus deur die geloof in julle harte woon,
En sal julle in God se liefde gewortel en
Gegrondves wees.
Mag julle in staat wees om saam met al
God se mense te begryp
hoe breed en lank en
hoe hoog en diep sy liefde is.
Dan sal julle Christus se liefde
Wat alle verstand te bowe gaan, beleef.
Mag julle heeltemal met die volheid
Van God vervul word.